FELICIDADE
É UM PROBLEMA SÉRIO

1ª EDIÇÃO

Fevereiro de 2022 | 3 mil exemplares

Publicado sob licença de HarperCollins Publishers.

Copyright © 1998 by Dennis Prager. Todos os direitos reservados.

TRADUÇÃO *Copyright* © 2022 by Casa dos Espíritos. Todos os direitos reservados.

EDIÇÃO, PREPARAÇÃO E NOTAS
Leonardo Möller

TRADUÇÃO
Joana Carvalho
Leonardo Möller

REVISÃO
Naísa Santos

CAPA, PROJETO GRÁFICO E DIAGRAMAÇÃO
Victor Ribeiro

FOTO DO AUTOR
Leonardo Möller

IMPRESSÃO
EGB

CASA DOS ESPÍRITOS
Rua dos Aimorés, 3018, sala 904
Belo Horizonte | MG | 30140-073 | Brasil
Tel.: +55 (31) 3304 8300
editora@casadosespiritos.com.br
www.casadosespiritos.com.br

DENNIS PRAGER

FELICIDADE
É UM PROBLEMA SÉRIO

UM GUIA PARA REPARAR A NATUREZA HUMANA

Dados Internacionais de Catalogação na Publicação (CIP)

(Câmara Brasileira do Livro, SP, Brasil)

Prager, Dennis (1948 —)
Felicidade é um problema sério : um guia para reparar a natureza humana / Dennis
Prager ; [tradução Joana Carvalho Pereira, Leonardo Möller] . — Belo Horizonte,
MG : Casa dos Espíritos Editora, 2022.

Título original: Happiness is a serious problem
ISBN: 978-65-87795-03-4

1. Autoajuda 2. Felicidade 3. Humanidades 4. Psicologia aplicada I. Título.

22–101769 CDD–158.1

Índices para catálogo sistemático:

1. Felicidade : Autoajuda : Psicologia aplicada 158.1

O Acordo Ortográfico da Língua Portuguesa, ratificado em 2008, foi respeitado nesta obra.

Para **Fran**

SUMÁRIO

INTRODUÇÃO, 11

PARTE I: PREMISSAS, 19

    1. Felicidade é uma obrigação moral, 23

    2. Infelicidade é fácil; felicidade dá trabalho, 27

    3. A mente desempenha o papel principal, 29

    4. Não existe boa definição de *felicidade*, 31

    5. A vida é trágica, 33

PARTE II: PRINCIPAIS OBSTÁCULOS À FELICIDADE — E COMO LIDAR COM ELES, 37

    6. A natureza humana, 39

    7. Comparando-nos com os outros, 47

    8. Imagens, 55

    9. A síndrome da telha faltante, 63

    10. Equiparando felicidade com sucesso, 71

    11. Equiparando felicidade com diversão, 83

    12. Dor: temo, logo evito, 99

    13. Expectativas, 103

    14. Família, 121

    15. Há demasiada dor no mundo, 131

16. Em busca do amor incondicional, 137

17. Vendo-se como vítima, 143

18. O sexo oposto, 157

19. Genética ou bioquímica, 169

PARTE III: ATITUDES E COMPORTAMENTOS ESSENCIAIS À FELICIDADE, 177

20. Sentido e propósito, 179

21. Felicidade é um subproduto, 189

22. Desenvolva perspectiva: cultive uma filosofia da vida, 201

23. Encontre o aspecto positivo, 213

24. Aceite a tensão, 221

25. Tudo tem um preço — saiba qual, 225

26. Aceite os aspectos inferiores da sua natureza, 237

27. Permita a expressão inofensiva de características inferiores, 245

28. Procure fazer o bem, 255

29. Desenvolva o autocontrole, 261

30. Encontre e faça amigos, 269

31. Psicoterapia e religião, 287

EPÍLOGO:

Moderação apaixonada, 299

REFERÊNCIAS BIBLIOGRÁFICAS, 302

ÍNDICE REMISSIVO, 304

SOBRE O AUTOR, 316

INTRODUÇÃO

JAMAIS ESPERAVA ESCREVER um livro sobre felicidade. Apesar de uma vida escrevendo e ministrando palestras, até dez anos atrás eu não havia lançado nada nem falado em público detidamente sobre o assunto. Como muitas outras pessoas, dediquei bastante tempo ao tema, refletindo a respeito e lutando com a questão da felicidade, no entanto, no que se refere à oratória, aos escritos e ao meu programa de *talk show* no rádio, estive preocupado com outros assuntos — especialmente o bem e o mal, a teologia, questões contemporâneas e relacionadas às diferenças entre homens e mulheres.

Por que negligenciei a felicidade? Porque considerava esses outros tópicos mais sérios e, portanto, mais merecedores do meu tempo. Via a felicidade essencialmente como um tema leve — não obstante eu certamente quisesse ser feliz e presumisse que todos os outros quisessem também. Minha atitude de *moral em primeiro lugar* e minha formação religiosa me levaram a concluir que me ocupar da felicidade era, de alguma forma, uma busca menos nobre. Assim, pensava que pessoas preocupadas com o bem e o mal não deveriam dedicar muito tempo escrevendo ou falando sobre ser feliz; e o pouco que havia lido a respeito do assunto me parecia demasiado *cor-de-rosa* ou cheio de clichês.

Minha postura em relação à felicidade estava totalmente errada. A felicidade não é uma preocupação egoísta ou frívola; trata-se de um tema tão profundo e valioso quanto o bem e o mal. O ser humano quer ser feliz e tem o direito de o querer. Longe de ser este um objetivo egoísta ou menos digno, é uma das características que distinguem os seres humanos. Isso porque só é possível dizer que animais *querem* qualquer coisa no sentido de evitarem a dor e se saciarem, mas não de quererem ser felizes. Para o bem ou para o mal, esta é uma meta unicamente humana.

A história de como aprendi a lição sobre a importância da felicidade e acabei por apresentar mais palestras acerca desse assunto que de qualquer outro há de interessar ao leitor.

Em 1988[1], fui convidado por um sacerdote da Universidade da Califórnia em Los Angeles (UCLA) para dar uma palestra aos estudantes de lá. Disse-me que, como meu nome era conhecido por um grande número de estudantes por causa do meu programa de rádio diário naquela cidade, teria público garantido.

— Presumo que você queira que eu fale sobre religião — comentei, pois ele era um sacerdote e eu falava sobre o assunto frequentemente.

---

1. A edição original desta obra foi publicada em 1998, ou seja, dez anos após o episódio narrado pelo autor neste trecho [N.E.].

— Ah, não! — respondeu ele. — Ninguém vai aparecer se você o fizer. Gostaria que falasse de um assunto leve.

— Como o quê? — perguntei.

— Como felicidade.

— Mas felicidade não é um tema leve! — contestei. Meu primeiro casamento havia acabado recentemente. — Na verdade, felicidade é um problema sério — afirmei.

— Esse é um ótimo título — ele redarguiu.

Foi assim que tudo começou. Ele me dera o tema com o qual eu me ocuparia por dez anos, o título de toda palestra que eu proferiria sobre o assunto e o nome deste livro.

Trabalhei duro naquela palestra. Pensei que seria uma das poucas vezes em que falaria sobre o tema, por isso queria gravá-la. Se resultasse numa boa explanação, eu a adicionaria à lista de gravações que ofereço aos leitores da minha *newsletter*.

No fim das contas, de fato gostei do resultado e a adicionei à minha lista. Pouco depois, tornou-se minha gravação mais vendida; uma estação de rádio de Nova Iorque a transmitiu em sua totalidade; um editor da revista *Redbook* ouviu a transmissão e me pediu que escrevesse um artigo a respeito da felicidade; logo depois, a *Reader's Digest* resumiu o texto da *Redbook* para publicação em várias línguas; então, vieram propostas de livro a escrever e também convites para ministrar palestras nos Estados Unidos e no exterior. Desde então, dei dois cursos completos sobre felicidade num seminário judaico e cursos de um dia inteiro para grupos empresariais pelo país, bem como fiz palestras sobre o assunto em cinco continentes.

Nada disso é citado para impressionar o leitor. Relato simplesmente para explicar por que alguém anteriormente preocupado com outras questões veio a dedicar dez anos ministrando palestras e, finalmente, escreveu um livro sobre a felicidade. Ainda que o bem e o mal, a teologia, as diferenças entre os sexos e outras questões continuem sendo de grande interesse para mim, uma vez que comecei a ver o quanto as ideias sobre a felicidade ajudam a contribuir com a qualidade de vida das pessoas, escrever este livro se tornou quase um imperativo moral.

Minhas palestras em vários países também tiveram grande impacto sobre o conteúdo deste livro. Elas confirmaram o que antes eu podia apenas suspeitar, isto é: ao passo que as culturas variam profundamente, o desejo humano pela felicidade é quase universal, assim como o são muitos dos obstáculos para a felicidade.

TENDO EXPLICADO por que escrevi este livro, sinto-me compelido a apresentar certas ressalvas e eximir-me de algumas responsabilidades.

Primeiramente, não o escrevi acreditando que todas as pessoas que o lerem se tornarão felizes. A própria ideia é absurda. Ser feliz requer o conhecimento do modo pelo qual se alcança a felicidade — ou seja, exige sabedoria —, além de trabalho duro e disciplina para aplicar tal saber. Este livro oferece alguns desses conhecimentos e também ideias a respeito de como colocá-los em prática. Entretanto, ele não pode obrigar ninguém a incorporar essas noções ou a transformar qualquer delas em ação.

Em segundo lugar, não escrevi este livro acreditando que todos podem ser igualmente felizes. Algumas pessoas sempre serão mais felizes que outras, tal como certas pessoas sempre tocarão piano melhor que outras. Porém, do mesmo modo como quase todos nós, com algum ensino e disciplina, poderemos tocar piano melhor do que o fazemos hoje, quase todos nós, mediante bons ensinamentos e autodisciplina, poderemos ser mais felizes do que somos agora.

O terceiro ponto é que nem por um momento ofereço essas ideias como definitivas, tampouco como palavras finais sobre felicidade. Existem muitas formas de se levar uma vida feliz; as ideias neste livro não são os únicos caminhos para se chegar lá. Entretanto, seja qual for a rota que você escolher, ficarei surpreso se *Felicidade é um problema sério* não o ajudar nessa jornada.

Dada a singularidade de cada indivíduo, é impossível saber como ideias sobre uma questão tão pessoal como essa serão absorvidas por todos os leitores. Então, mostrei várias fases deste livro a mais pessoas do que já havia feito com qualquer outra coisa que já tenha escrito — e aprendi com cada uma delas.

Sou particularmente grato ao meu hábil e dedicado editor, Todd Silverstein, e a Joseph Telushkin, que escreveram, cada qual, comentários incisivos em praticamente cada página do livro. As contribuições de ambos, juntamente com as de Allen Estrin, para quem li quase todas as páginas deste texto em voz alta, foram de imensa importância para o produto final. Sou, da mesma forma, grato a Dr. Stephen Marmer, Zachary Schreier e Laurie Zimmet, que tiraram tempo de suas vidas ocupadas para ler o manuscrito e dar excelentes sugestões.

Minha esposa, Fran, teve que suportar minha preocupação com a felicidade por algum tempo. Ela também assistiu graciosamente às minhas palestras sobre o assunto, incluindo quatro noites consecutivas em quatro países da América do Sul — em inglês mais lento, ainda por cima —, leu cada palavra e fez sugestões fundamentais. Ela e nossos filhos maravilhosos, Anya, David e Aaron, são desde já pessoas mais felizes — graças ao fato de eu ter, enfim, terminado este livro. Como Fran afirmava com frequência, escrever sobre felicidade também é um problema sério.

Tudo terá valido a pena se este livro fizer com que ao menos um leitor possa lidar melhor com os desafios da vida e se torne uma pessoa mais feliz e melhor. É claro, meu maior desejo é que muitas pessoas possam ser afetadas desse modo por ele.

PARTE I

PREMISSAS

FELICIDADE É UM PROBLEMA SÉRIO combina ideias sobre felicidade com um guia prático para aplicar tais ideias à sua vida. É escrito na forma de um compêndio de pensamentos e sugestões, em vez de ser um longo ensaio. Isso reflete o modo sistemático por meio do qual desenvolvi essas ideias e as apresentei em palestras e no meu programa de rádio pelos últimos dez anos. Essa abordagem oferece certas vantagens: é concisa, proporciona clareza e é capaz de tratar de cada um dos principais aspectos da felicidade que pude identificar. Por outro lado, tem a desvantagem de não explorar esses vários aspectos em toda a sua profundidade. Fazer isso implicaria escrever uma autêntica enciclopédia sobre felicidade.

A obra é dividida em três partes. A parte i é uma breve declaração das premissas do livro. A parte ii descreve o que creio serem os maiores obstáculos à felicidade para a maioria das pessoas — e apresenta pensamentos sobre como lidar com tais obstáculos. Já a parte iii delineia o que acredito serem os principais comportamentos e atitudes necessários à conquista de mais felicidade.

Embora haja alguma metodologia na organização dos capítulos, eles podem ser lidos em qualquer sequência. Em linhas gerais, cada capítulo é uma unidade independente. Entretanto, ainda que a ordem não seja fundamental, a leitura de todos os capítulos é.

CAPÍTULO 1

FELICIDADE É UMA OBRIGAÇÃO MORAL

TENDEMOS A PENSAR QUE sermos tão felizes quanto pudermos é algo que devemos a nós mesmos. E isso é verdade! Porém, a felicidade é muito mais que uma questão de ordem pessoal. É também uma obrigação moral.

Depois de uma das minhas palestras sobre felicidade, uma mulher na plateia se levantou e disse: "Só queria que meu marido tivesse vindo a esta palestra" (ele havia escolhido ir a uma palestra de negócios no lugar daquela). Ela explicou que ele era a parte infeliz do relacionamento e, ainda que ela o amasse, não era fácil ser casada com uma pessoa infeliz.

Aquela mulher possibilitou que eu pusesse em palavras o que eu procurava: as razões *altruístas*, além das óbvias razões pessoais, para se levar a felicidade a sério. Disse à mulher, e também à plateia, que ela estava certa: o marido deveria ter ido à palestra, porque *ele tinha a obrigação moral, para com sua parceira cotidiana, de ser o mais feliz que ele pudesse.*

Depois de um momento de reflexão, isso se torna óbvio. Nós devemos ao nosso cônjuge, a nossos companheiros de trabalho, filhos e amigos — na verdade, a todos que adentram nossas vidas — ser tão felizes quanto pudermos. Isso não significa nos comportarmos de maneira irreal e certamente não implica nos abstermos de expressões honestas e íntimas acerca de nossos sentimentos aos mais próximos. Significa, isso sim, que devemos aos outros trabalhar em favor da própria felicidade. Não gostamos de ficar perto de pessoas que normalmente estão infelizes. Aqueles que adentram nossas vidas se sentem da mesma forma. Pergunte a uma criança como foi crescer com um pai ou uma mãe infeliz, por exemplo, ou então pergunte aos pais a respeito da dor que sentem caso tenham algum filho infeliz — de qualquer idade.

Há uma segunda razão pela qual a felicidade é uma obrigação moral. Em regra, as pessoas agem de maneira mais digna quando estão felizes. O capítulo sobre a busca pela bondade explica amplamente a conexão entre esta e a felicidade (cap. 28). Basta, por ora, responder à seguinte questão: você se sente mais predisposto em relação ao outro e deseja tratá-lo melhor quando está feliz ou quando está infeliz?

Existe, ainda, um terceiro motivo. Certa vez perguntei a

um homem profundamente religioso se ele se considerava efetivamente pio. Ele respondeu que, embora aspirasse a tal condição, sentia-se em débito em duas áreas. Uma dessas áreas, disse ele, era não ser feliz o suficiente para ser considerado realmente uma pessoa de fé.

O ponto enfatizado por aquele homem foi que pessoas religiosas infelizes depõem contra sua religião e seu Criador. Ele estava certo; de fato, pessoas religiosas infelizes representam um grande desafio à fé, pois a colocam em xeque. Se sua fé é tão notável, por que fiéis dedicados não são felizes? Há apenas duas razões possíveis: ou não praticam sua fé corretamente ou o fazem, porém, a religião em si não conduz à felicidade. A maioria dos observadores leigos consideraria a última razão. Religiosos infelizes deveriam pensar, portanto, sobre quanto é importante ser feliz — se não por si mesmos, pelo bem de sua própria religião. Adeptos infelizes — e, mais ainda, rancorosos — dão mais elementos persuasivos ao ateísmo e ao secularismo que todos os argumentos dos ateus juntos.

CAPÍTULO 2

INFELICIDADE É FÁCIL; FELICIDADE DÁ TRABALHO

FUI CRIADO PARA NUNCA PEGAR a saída mais fácil. Não gostava da ideia quando eu era criança, e minha família às vezes levava isso ao extremo, mas esse princípio me tem sido muito útil como adulto. Com efeito, o caminho fácil é, muito frequentemente, o caminho errado.

Desde os últimos anos da minha adolescência, comecei a aplicar esse princípio no que concerne à infelicidade, e isso teve um efeito positivo duradouro ao longo da minha vida. Eu não era uma criança particularmente feliz, e também tive, desde cedo, consciência do mal e do sofrimento humanos, bem como uma posterior preocupação com tais questões. Como resultado, a felicidade não veio de forma fácil. Ainda mais porque, como a maioria das pessoas, passei parte da minha adolescência me regozijando na própria angústia. Um dia, entretanto, ocorreu-me o pensamento de que ser infeliz é fácil — na verdade, *a saída mais fácil* — e de que não é preciso ter nenhuma dose de coragem, esforço ou grandeza para ser infeliz. *Qualquer pessoa* pode ser infeliz. Dei-me conta quando jovem: a verdadeira conquista é permanecer na luta para ser feliz.

Até hoje, quando estou infeliz, digo a mim mesmo que estou tomando a saída mais fácil, que felicidade é uma batalha a ser travada, e não um sentimento a ser esperado.

A noção de que felicidade requer trabalho constante figura como novidade — novidade desconcertante — para muitas pessoas. Creem que felicidade é um sentimento e que esse sentimento resulta de coisas boas que lhes acontecem. Teríamos, então, segundo esse pensamento, pouco controle sobre quão felizes somos, porque, afinal, não controlamos nem como nos sentimos nem o que nos sucede.

Este livro é baseado na premissa oposta: a felicidade é — em grande parte, ainda que certamente não por completo — determinada por nós, por meio de trabalho duro, mais precisamente ao controlarmos nossa natureza e ao obtermos sabedoria, isto é, ao desenvolvermos atitudes que nos permitam não ser tomados pelo desespero.

Tudo que vale a pena na vida é alcançado por meio de trabalho duro. Felicidade não é exceção.

CAPÍTULO 3

A MENTE DESEMPENHA O PAPEL PRINCIPAL

ENQUANTO A MAIORIA das pessoas pensa na felicidade como um sentimento inteiramente baseado no coração — "eu me *sinto* feliz, eu me *sinto* infeliz" —, o foco deste livro é a mente. O uso da mente e da inteligência é indispensável para se alcançar a felicidade. Por quê? Porque, para sermos felizes, temos que nos perguntar constantemente: "Porventura *isto* — seja possuir determinada coisa, agir de tal maneira, relacionar-se com certa pessoa, comprar este ou aquele item, seja até mesmo insistir em determinado pensamento — vai me fazer mais feliz ou mais infeliz?". Responder a essa questão requer racionalidade e constante reflexão.

A maior parte das pessoas não se pergunta regularmente, antes de tomar uma atitude: "Isto vai me fazer mais feliz?". Em vez disso, elas fazem o que fazem porque aquilo as satisfaz naquele momento.

O fato de que mente e inteligência são essenciais para a felicidade não pressupõe, de modo algum, que ser um gênio dá a uma pessoa chance maior de ser feliz — ao contrário, os gênios não são conhecidos como um grupo de pessoas particularmente felizes. Todavia, implica que as pessoas têm que usar as suas mentes para serem felizes. Isso não é um motivo de preocupação, pois a maioria esmagadora dos seres humanos é inteligente o suficiente para ser mais feliz. O que lhes falta são:

1. A consciência de que o que os fará felizes requer bastante reflexão.

2. A autodisciplina para superar suas inclinações naturais a fazer o que é mais prazeroso no momento, em vez do que é mais indutor de felicidade.

3. A sabedoria para responder de modo consistente à pergunta: "Afinal, isto vai me fazer mais feliz ou mais infeliz?".

Este livro oferece conselhos para lidar com cada um desses três desafios.

CAPÍTULO 4

NÃO EXISTE BOA DEFINIÇÃO DE *FELICIDADE*

NÃO APRESENTO NENHUMA DEFINIÇÃO de *felicidade*. Pode parecer insólito que um autor tenha escrito um livro sobre um assunto que ele não pode definir, mas ainda assim eu o fiz, e não é insólito. Se isso parece estranho é porque nossa era científica demanda que enunciemos conceitos e ofereçamos medidas e estatísticas para sermos levados a sério. Não obstante, grande parte das coisas mais importantes da vida não pode ser medida ou delimitada com precisão. Podemos, por exemplo, definir ou mensurar amor, beleza, amizade ou decência?

Para aqueles que insistem numa definição, aqui estão algumas de dicionário para a palavra *feliz*:

1. Caracterizado por boa sorte; afortunado.

2. Aquele que está desfrutando, demonstrando ou é ca-

racterizado pelo prazer, pela satisfação ou pela alegria.

3. Ser especialmente bem-adaptado.

4. Alegre.

Isso ajuda? Não me parece que sim. Portanto, em vez de definir *felicidade*, proponho duas outras maneiras de entender o assunto deste livro.

Uma é parafrasear o magistrado da Suprema Corte dos Estados Unidos que, ao abordar a questão da obscenidade, disse: "Não a posso definir, mas sei o que é quando a vejo". Ao discutirmos sobre felicidade, não precisamos ser cientificamente precisos ou fornecer provas a serem apresentadas num julgamento. Jamais defini *felicidade* em qualquer de minhas palestras, e isso nunca pareceu inibir o diálogo sobre o assunto. Os membros da plateia e eu, todos sabíamos o que estávamos discutindo, não importava como cada um de nós a definisse.

O outro modo de explicar o tema de forma mais precisa, ou pelo menos a intenção de *Felicidade é um problema sério*, é ter o enfoque voltado à infelicidade. Embora talvez nunca possamos definir *felicidade* e sua compreensão total seja sempre elusiva, a maior parte de nós pensa entender a infelicidade e realmente pretende evitá-la. Portanto, este livro pode ser tomado como um esforço para buscar reduzir a infelicidade tanto quanto procura incitar a felicidade.

CAPÍTULO 5

A VIDA
É TRÁGICA

NÃO ABORDO O TEMA DA felicidade a partir de uma perspectiva especificamente *cor-de-rosa* da vida. Ao contrário, parto de uma visão bastante trágica da vida. Acredito que o sofrimento é real — não da forma como algumas almas refinadas do Oriente o concebem qual uma função do ego, tampouco como o fazem algumas almas estimadas do Ocidente alegando que "tudo acontece para o bem". Algum sofrimento é resultado do egocentrismo, e às vezes a dor realmente leva a resultados positivos, mas muito do sofrimento que as pessoas enfrentam é atroz, imerecido e não leva a nada positivo. (Eu creio na vida após a morte, mas este livro é sobre alcançar a felicidade nesta vida.)

Também acredito na existência e na concretude do mal. Ele não é meramente a "ausência do bem"; é um horror genuíno em si mesmo, e eu passei muito tempo da minha vida estudando isso. Escrevi *Felicidade é um problema sério* com sólida consciência sobre as câmaras nazistas de gás, os *gulags* — campos comunistas de trabalho forçado —, os horrores quase universais do racismo e as notícias diárias de crimes hediondos e terrorismo.

Decorrem muitas consequências filosóficas e emocionais importantes de se ter tal panorama. Por um lado, ando por aí impressionado com minha boa sorte. Dada a profusão de sofrimento injusto e infelicidade, sou demasiadamente grato, e às vezes fico até perplexo diante de todo o infortúnio de que já fui poupado. Por outro, considerando minha visão de que a tragédia é normal, *eu tento ser feliz a menos que aconteça alguma coisa que me deixe infeliz, em vez de infeliz a menos que aconteça algo que me faça feliz.* Muitas pessoas passam a vida esperando que algo maravilhoso lhes ocorra e as faça felizes. Adoto a postura de que, enquanto nada de terrível nos acontecer, devemos ser felizes. Por último, essa visão trágica da vida me leva a ter pouca paciência com a reclamação crônica que ouço, na sociedade atual, de pessoas que têm tanto e, ainda assim, agem como se a vida e a sociedade houvessem conspirado para oprimi-las.

Além do mais, existe muita dor intrínseca mesmo para pessoas que levam vidas extraordinariamente abençoadas. Até na melhor hipótese — por exemplo, numa vida longa e saudável —, todos nós experimentamos a tristeza acachapante da morte, seja a nossa, seja daqueles que amamos. Todos deixamos para trás muita coisa não concluída em relação às nossas questões emocionais e outras. E, na vida em si, todos experimentamos, nas palavras inimitáveis da autora Judith Viorst, uma série de "perdas necessárias" bastante dolorosas. Por exemplo, enquanto escrevo estas palavras, meu filho mais novo, Aaron, aproxima-se do quinto aniversário. Minha esposa e eu nos alegramos com seu crescimento, entretanto, sentimos um quê de tristeza à medida que assistimos a esses primeiros anos, únicos e encantadores, desaparecerem para sempre. Mesmo quando a vida não é trágica — na verdade, mesmo quando é boa —, ela é certamente *agridoce*.

PARTE II

PRINCIPAIS OBSTÁCULOS À FELICIDADE — E COMO LIDAR COM ELES

CAPÍTULO 6

A NATUREZA HUMANA

A NATUREZA HUMANA É INSACIÁVEL

Certa vez cruzei com um anúncio de jornal que, inadvertidamente, deixou claro o problema da felicidade para mim. O anúncio, que era de uma clínica de terapia sexual em Los Angeles, dizia: "Se você não está completamente satisfeito com sua vida sexual, ligue para nós". Primeiramente, o anúncio não significou nada para mim. Mas, por alguma razão, eu me senti compelido a pensar a respeito. Quando o fiz, percebi que aquele era, na verdade, um anúncio brilhante: se todas as pessoas em Los Angeles que não estavam completamente satisfeitas com sua vida sexual contatassem a clínica, todas as pessoas na cidade a contatariam.

Por quê? Porque o anúncio usou as palavras mágicas "completamente satisfeito". Quem está *completamente satis-*

feito com qualquer coisa? Para ilustrar esse ponto, imagine estes anúncios:

 — *Se você não está completamente satisfeito com sua renda, ligue para nós.*

 — *Se você não está completamente satisfeito com seu cônjuge, ligue para nós.*

 — *Se você não está completamente satisfeito com seus filhos, ligue para nós.*

 — *Se você não está completamente satisfeito com seus pais, ligue para nós.*

 — *Se você não está completamente satisfeito com sua pasta de dentes, ligue para nós.*

Nós não estamos completamente satisfeitos com coisa alguma. A razão é a natureza humana. Ela é insaciável — e é por isso que nenhum obstáculo para a felicidade é maior que a natureza humana. Seja lá o que nossa natureza desejar — amor, sexo, dinheiro, atenção, prazer, comida, segurança —, não poderá ser fornecido em quantidades suficientes para satisfazê-la completamente.

Preste atenção à ordem das primeiras palavras faladas por uma criança e você, provavelmente, entenderá o que se passou com meu filho mais novo. A primeira palavra que ele disse foi "mamãe". Depois veio "papai". E sua terceira palavra foi "mais". Essas palavras de um bebê representam precisamente nossas necessidades mais profundas: primeiro, de amor e segurança; depois, de *mais* — de tudo.

O fato de que a natureza humana é, ela própria, o maior

obstáculo para a felicidade é muito raramente apontado pelos que falam ou escrevem sobre a felicidade. Primeiramente, isso soa para muitas pessoas como demasiado pessimista. Em segundo lugar, citar a nossa própria natureza como o maior obstáculo para a felicidade significa que, para sermos felizes, temos que batalhar contra nós mesmos, e isso não é algo que tanta gente queira ouvir. Em terceiro lugar, tal afirmativa frustra o desejo tão comum de atribuir a infelicidade de qualquer um de nós a forças alheias.

Sendo assim, queiramos ou não enfrentar esse fato, a realidade é que a natureza humana é o maior obstáculo para a felicidade, e é por isso que este livro direciona tanta atenção à batalha que devemos travar com nós mesmos a fim de alcançarmos uma vida mais feliz.

O QUE FAZER COM A INSACIABILIDADE DA NATUREZA HUMANA

NOSSO CÉREBRO, E NÃO NOSSA NATUREZA, DEVE DETERMINAR NOSSA FELICIDADE

Como a natureza humana é insaciável, nosso cérebro, dotado de capacidades racionais e filosóficas — e não nossa natureza —, é que deve arbitrar sobre sermos ou não felizes. Devemos ser capazes, de fato, de dizer à nossa natureza que não será ela, mesmo que a ouvimos e respeitemos, que determinará se estamos satisfeitos ou não, mas, sim, nossa mente.

Primeiro: podemos decidir ficar satisfeitos com o que temos? Um homem pobre capaz de se dar por satisfeito com o que lhe cabe será mais feliz do que um homem rico que não se permite sentir contentamento com o que possui.

Segundo: se não estamos satisfeitos com o que temos, permitiremos que essa insatisfação nos faça infelizes? *Infelicidade* não deriva, obrigatoriamente, da *insatisfação*. Uma pessoa pode não ser capaz ou simplesmente pode escolher não estar satisfeita e, ainda assim, não ser necessariamente infeliz. Da mesma forma como, em regra, podemos decidir se ficaremos insatisfeitos, compete-nos, geralmente, resolver se permitiremos que a insatisfação nos faça infelizes.

Não tenho certeza de qual caminho é ideal ou mais maduro: é melhor nos convencermos a ficar satisfeitos ou é mais adequado, ao menos mais nobre, reconhecer nossa insatisfação e, então, não ceder ao estímulo que nos tornaria infelizes?

Usualmente prefiro a última opção. Devemos ser capazes de dizer a nós mesmos: "Eu posso ser feliz com o que tenho, ainda que não esteja satisfeito". Isso nos proporciona duas coisas:

1. Manter a consciência do que sentimos e, ao mesmo tempo, não permitir que isso sabote nossa felicidade;

2. Trabalhar para reduzir o que quer que seja que nos cause insatisfação.

DISTINGUIR INSATISFAÇÕES DIFERENTES

Há outro modo de lidar com a onipresença da insatisfação: distinguir dois tipos — a insatisfação necessária e a desnecessária.

Um exemplo de insatisfação necessária é aquele que todas as pessoas criativas sofrem em relação a seu trabalho. Esse é um descontentamento valioso porque ajuda a garantir que a pessoa criativa sempre se esforce para melhorar seu trabalho. Tal insatisfação não deve, portanto, levar à infelicidade; precisamos dela a fim de aprimorar nossas vidas.

Como exemplo de insatisfação necessária no campo pessoal, minha esposa está sempre insatisfeita com o nível de comunicação entre nós. Segundo o ponto de vista dela, nós poderíamos quase sempre ser mais abertos e honestos a respeito de nossos sentimentos e passar mais tempo juntos. Embora ela seja feliz no casamento, sua insatisfação com nosso nível de comunicação nos assegura ainda mais intimidade e, portanto, um casamento melhor. Até eu, marido dela, que geralmente estou contente com o nível de comunicação que mantemos, reconheço esse fato.

Insatisfação desnecessária, por outro lado, ocorre com algo que não é importante ou que, embora o seja, é imutável. Para citar um exemplo de insatisfação com o que não é importante, estou sempre insatisfeito, em algum nível, com a qualidade do meu equipamento de som, não importa quão bom ele seja. Entretanto, sei que, mesmo se eu tivesse um aparelho ruim, eu não seria tolo o suficiente para permitir que a baixa qualidade dele diminuísse minha felicidade. (Não obstante, consinto que um sistema de som excelente contribua para a minha felicidade, uma vez que procuro aumentar o nível desta sempre que possível.)

A chave para não deixar que a insatisfação o faça infeliz é distinguir a insatisfação advinda do que é importante — por exemplo, o nível de intimidade do casal — daquela derivada do que é secundário. Uma vez que o fizer, você poderá evitar a insatisfação pelo que não é importante e até mesmo se divertir com isso (no meu caso, gosto muito de procurar constantemente um equipamento de som melhor).

A segunda fonte de insatisfação desnecessária é aquela relacionada ao que não pode ser mudado — mesmo que seja algo, de fato, importante. É preciso ter muita força de vontade e sabedoria para ser capaz de reconhecer que o descontentamento pelo que não pode ser modificado é, em última análise, despropositado ou desnecessário. Determinada insatisfação pode ser inteiramente válida, mas, se sua causa não puder ser transformada, o resultado será apenas um aumento do nível de infelicidade. A famosa Oração da Serenidade, do Programa de Doze Passos, enuncia isso perfeitamente: "Deus, conceda-me serenidade para aceitar as coisas que não posso modificar; coragem para mudar aquelas que posso mudar; e sabedoria para distinguir entre um caso e outro". Apenas quando há serenidade para aceitar as coisas que não podem ser alteradas, é possível reconhecer que a insatisfação em relação a elas é, de fato, desnecessária.

POR QUE FOMOS CRIADOS COM UMA NATUREZA INSACIÁVEL?

Se, realmente, a natureza humana é insaciável e, portanto, o maior obstáculo para a felicidade, por que fomos criados assim? Chega a parecer que a natureza ou Deus quiseram nos pregar uma peça bem maliciosa.

Não só não é um artifício malicioso como, na verdade, constitui uma bênção o fato de a natureza humana ser insaciável. Se nos fosse natural estar inteiramente satisfeitos, não teríamos nenhuma motivação para alcançar nada, tanto no âmbito global como no pessoal. A insatisfação humana em relação às doenças levou à cura de enfermidades; a inconformação com as nossas limitações impeliu-nos às invenções; a insatisfação diante da expressão estética preexistente motivou grandes trabalhos de arte; e, é claro, o descontentamento com o estado moral da sociedade conduziu a avanços morais, desde a abolição da escravatura até o desenvolvimento da democracia. No campo individual, a insatisfação inata é o que torna possível o aprimoramento do ser humano, no que tange a estabelecer tanto ligações afetivas de mais qualidade com o outro quanto uma ética pessoal mais robusta, além de promover incrementos na saúde. De fato, qualquer coisa que se torna melhor assim progride como resultado de insatisfação prévia.

Graças a Deus pela insatisfação! É um traço humano que distingue e enobrece o homem. Não há nenhuma razão para acreditar que os animais o tenham. Dê-lhes comida, abrigo e segurança e eles estarão saciados. Dê tais coisas a seres humanos e, no momento seguinte, vão querer mais de cada elemento e logo estarão insatisfeitos com outra coisa. Satisfação completa não está disponível para o homem.

A matriarca da dança moderna, Martha Graham, foi quem melhor enunciou a indispensabilidade da insatisfação: "Nenhum artista está satisfeito. Não há qualquer satisfação em nenhum momento. Só há uma estranha, divina insatisfação; uma inquietação abençoada que nos mantém marchando e nos faz mais vivos que os outros". Estime a insatisfação humana, mas não deixe que ela o faça infeliz.

CAPÍTULO 7

COMPARANDO-NOS COM OS OUTROS

COMO PODEMOS SABER se estamos felizes? Tudo indica que essa seria uma pergunta de resposta fácil: estamos felizes quando nos sentimos felizes. Porém, se sentimentos, somente, determinassem nosso nível de felicidade, poderíamos honestamente dizer que estamos felizes à 1h, infelizes às 2h30, felizes de novo às 3h30, e assim por diante durante todo o dia. Obviamente, esse não é um modo preciso nem produtivo de avaliar nossa felicidade.

Contudo, se sentimentos, por si sós, não determinam se estamos felizes ou não, o que o faz? A resposta predominante é se comparar com os outros — o que não seria um problema caso se comparassem *com a maioria* das outras pessoas. Mas não é isso o que fazem. A maior parte dos indivíduos se compara com um pequeno grupo, cujos componentes eles acreditam ser mais felizes do que realmente são.

Por exemplo, você compara sua renda com a de quem ganha menos ou ganha mais que você? Recordo-me de ler sobre um ator que recebia milhões de dólares a cada filme que fazia e estava infeliz porque Arnold Schwarzenegger ganhava uns milhões a mais. Se porventura aquele ator comparasse sua remuneração com a de, vamos dizer, qualquer um de seus colegas de escola, ele ficaria incrivelmente feliz com sua fortuna extraordinária. Em vez disso, ele escolheu comparar sua renda com a de um dos poucos atores no mundo que recebiam mais do que ele.

É por isso que uma parte menos nobre em mim encontra certa alegria perversa quando, anualmente, a revista *Forbes* lista os 400 norte-americanos mais ricos. Imagino que uma ou outra pessoa desse grupo passe o ano inteiro deveras impressionada com sua riqueza. Então, ante o mundo todo, a verdade vem à tona: ela é apenas o número 268! Suspeito que muitas das personalidades enumeradas fiquem bastante infelizes quando essa edição da *Forbes* aparece, pois lhes recorda, e ao resto do mundo, quantos são, de fato, mais ricos do que elas. Claro, para aqueles que não avaliam sua felicidade comparando-se com quem pensam ser mais felizes — ou, neste caso, comparando sua fortuna com a de quem ganha mais —, essa edição da *Forbes* é irrelevante. Seja qual for sua posição no *ranking*, sabem que estão entre os cidadãos materialmente mais prósperos no mundo.

Não é preciso ser listado pela *Forbes* para sofrer ao se comparar com as pessoas que pensa serem mais felizes que você. A maior parte de nós age assim. Por exemplo, muitos comparam sua vida com a de pessoas famosas, tais como estrelas de cinema — e, então, invejam sua suposta felicidade.

Por mais comum que essa prática possa ser, ela é profundamente equivocada. Quantas autobiografias de quem atingiu o estrelato terão de ser escritas até que se perceba quão poucas entre tais pessoas são realmente felizes? De fato, muitas dessas memórias revelam vidas de mais infelicidade do que a do leitor médio. Ainda assim, a maior parte dos leitores não chega à conclusão essencial: pessoas com fama, fortuna e *glamour* são frequentemente infelizes, porque nada disso conduz à felicidade. Em vez dessa inferência, a maioria deles justifica a vida particularmente sofrida do autor de determinada autobiografia como uma peculiaridade. Como continuam convencidos da relação direta entre aqueles três elementos e felicidade, passam a comparar sua vida com a de outra pessoa glamorosa — até que esta escreva suas próprias memórias repletas de infelicidade.

Compararmo-nos com quem imaginamos ser mais feliz do que nós não se limita a pensarmos em ricos e famosos. As pessoas se comparam com qualquer um que julgam ser mais feliz do que elas. Pode ser um primo, um colega ou, mais frequentemente, alguém que mal conhecem. Com efeito, quanto menos sabemos sobre aqueles com quem nos comparamos, mais acentuada se torna a discrepância entre a presumida felicidade alheia e aquela da qual usufruímos. Nas excepcionais palavras de Helen Telushkin, filósofa, mãe de família em tempo integral e genitora do meu amigo escritor Joseph Telushkin: "As únicas pessoas felizes que conheço são aquelas que não conheço bem".

Essa observação é um antídoto, em uma só frase, para este obstáculo contra a felicidade que ora abordo. Se todos soubéssemos que as pessoas com quem nos comparamos em nosso desfavor são atormentadas por dores e demônios de que pouco ou nada sabemos, pararíamos de comparar nossa felicidade com a dos demais. Pense naquelas pessoas que você conhece bem e perceberá a veracidade do comentário de Helen Telushkin. Muito provavelmente, você sabe quanta infelicidade experimentaram. Mas, mesmo em relação a estas, há a probabilidade de que não conheça todos os fantasmas interiores — emocionais, psicológicos, econômicos, sexuais ou ligados a álcool e drogas — contra os quais elas têm de lutar.

Lembro-me de conhecer um jovem radialista durante a turnê de lançamento do meu último livro. Ele me impressionou por ser particularmente bem-sucedido, saudável e feliz. Falou-me do amor pela linda esposa — de quem ele exibe uma foto em seu estúdio —, do amor por suas filhas jovens e da alegria por ter um programa de rádio numa grande cidade, onde ele ama viver. Como nada disso me soou forçado, recordo-me de ter caído na armadilha de pensar que ele poderia ser uma dessas poucas pessoas afortunadas para quem tudo parece ter saído bem. Então, começamos a falar de nosso gosto comum por computadores, e a discussão passou a abordar a internet. Ele, então, abençoou a existência da rede mundial, porque por meio dela podia obter muitas informações sobre esclerose múltipla — a terrível doença que aflige sua jovem esposa.

Senti-me um tolo por ter violado minha própria regra e pressuposto que muito pouca infelicidade existia na vida daquele homem.

Na vida cotidiana, a maior parte de nós age como se não tivéssemos problemas. "Como estão as coisas?", perguntam-nos. "Bem!" ou então: "Ótimas!" — hipérbole que não é rara entre os norte-americanos — é nossa resposta automática, como geralmente deve ser. Afinal, poucos de nós realmente querem ouvir os problemas que afligem todos que interrogamos: "Como vai?". (Um ditado antigo afirma que peste é a pessoa a quem indagamos "como vai?" e ela nos responde honestamente.) No entanto, pagamos um preço por todos exibirem uma cara feliz: passamos a acreditar que a vida dos demais, de fato, é ótima.

Pergunto-me o efeito que deve ter tido, no que tange aos conceitos acerca da felicidade alheia, o momento no qual começamos a sorrir todas as vezes quando somos fotografados. Ao olhar fotos antigas, reparo como poucos sorriam para a câmera. Aparentemente, no passado não ocorria à maior parte das pessoas que era necessário parecer feliz em toda foto. Dadas as agruras da vida, provavelmente achariam tolo sorrir mediante a contagem até três.

Os efeitos negativos de sempre exibir uma aparência feliz podem ser ilustrados por uma situação que imagino com frequência. Dois casais deixam suas casas para se encontrarem num restaurante. O casal A tem uma grande briga no caminho para o jantar, assim como o casal B. Mas, quando os dois casais finalmente chegam ao restaurante, ambos agem como se tudo estivesse bem.

— Olá! Como estão? — eles perguntam uns aos outros.

— Bem! Ótimos! E vocês? — todos respondem.

Durante o jantar, nenhum casal menciona uma palavra sequer sobre sua briga. Ao voltarem para casa, os cônjuges do casal A dizem um ao outro:

— Você viu o casal B, como estão felizes e apaixonados? Por que não podemos ser felizes assim?

Enquanto isso, no seu carro, o casal B tem a mesma conversa:

— Você viu o casal A, como estão felizes e apaixonados? Por que não podemos ser felizes assim?

Após o jantar, os casais não apenas estão infelizes por suas respectivas brigas, mas estão ainda mais infelizes em virtude da comparação com o outro casal. Sofrem, então, do que se pode chamar de *infelicidade composta*. Da mesma forma como *juros compostos* consistem em juros sobre juros, a infelicidade composta é a infelicidade por ser infeliz. Esses são perigos inerentes a nos compararmos com os outros.

A IMPORTÂNCIA DA INTIMIDADE

A infelicidade dos dois casais não é apenas desnecessa-riamente composta por se compararem ao outro casal; mesmo a infelicidade original pela briga poderia ser re-duzida. Como?

Se os dois casais não agissem como se estivessem feli-zes, mas sim se abrissem um com o outro, cada casal teria deixado o restaurante mais feliz que quando entrou. Tudo que um dos quatro tinha que fazer era responder à pergun-ta "Como vocês estão?" com algo do tipo: "Estamos bem, mas — nossa! — que briga tivemos antes de chegar aqui hoje". Seriam esmagadoras as chances de que, se esses ca-sais fossem, em alguma medida, próximos, o outro casal responderia: "Tiveram? Nós também!".

Então, em vez de agirem como se nada tivesse aconte-cido e tudo estivesse maravilhoso, os casais se sentiriam livres para falar sobre suas respectivas brigas, graças à ati-tude de qualquer um deles de dizer a verdade. E, se tais brigas tivessem ocorrido dentro do habitual em matéria de atritos conjugais, abrir-se e descobrir que quase todos os casais brigam, geralmente pelos mesmos motivos, te-ria tornado todos mais próximos. Na verdade, muita dor e muita aflição conjugal seriam evitadas se pessoas casadas conversassem sobre seu relacionamento com outras pes-soas casadas. Na maior parte dos casos, perceber que quase todo casamento tem sua porção de problemas, muitos dos quais são universais, e, então, falar e até brincar a respeito leva a uma efetiva redução do estresse conjugal.[1]

Em resumo, não há nenhuma área da vida em que nossa felicidade não seria aumentada se parássemos de nos comparar com pessoas que, quase sempre, imaginamos serem mais felizes.

---

1. Lê-se mais sobre a amizade entre casais no item "Casais precisam de casais", no capítulo 30. [N.E.]

CAPÍTULO 8

IMAGENS

POR MAIS AUTODESTRUTIVO que seja comparar-nos com os outros, tal atitude pode ser, na verdade, um obstáculo menos grave à felicidade que outro tipo de comparação que fazemos com ainda mais frequência: a comparação com imagens idealizadas.

Da infância em diante, quase todos temos imagens a respeito de como nossa vida deve ser. Pode ser uma visão relacionada a trabalho — quão bem-sucedidos, famosos ou prósperos seremos — ou ao cônjuge: quão *sexy* a esposa será ou quão rico e carinhoso deverá ser o marido. Quem sabe, uma ideia até a respeito dos filhos: quão felizes e amorosos eles serão. Evidentemente, podemos ter essas três imagens e muitas mais.

O problema óbvio é que somente em casos muito raros cônjuges, carreira ou filhos estarão à altura das imagens projetadas por nossas ideias e aspirações. Afinal, imagens são perfeitas; e a vida, não.

A FÓRMULA DA INFELICIDADE: QI = I-R

Tais imagens são dotadas de tamanha força que quase se pode medir a infelicidade de alguém pela diferença entre suas imagens e sua realidade. Em termos matemáticos, a fórmula para medir a infelicidade de tantas pessoas é, portanto, QI = I-R, ou seja: a *quantidade de infelicidade* é igual a *imagens* menos *realidade*.

Por exemplo, imagens idealizadas são a principal causa da chamada crise da meia-idade que acomete os homens. A certa altura, muitos constatam que aquilo que alcançaram profissionalmente está aquém das expectativas que alimentaram sobre o que deveriam ter conquistado até então. A diferença entre o que foi imaginado e a realidade constitui grande parte dessa crise.[1]

A solução para esse problema das imagens está na fór-

---

1. É interessante notar que raramente se relatam crises de meia-idade acometendo mulheres. Creio que existem duas razões básicas para isso. Uma é que mulheres, de modo geral, não baseiam sua identidade em conquistas tanto quanto homens; não ser presidente de algo não causa depressão na maioria delas. A outra razão é que as mulheres tendem a ter uma crise de vida inteira. Isso não deve ser tomado como crítica. Dada a natureza feminina normalmente mais sintonizada com a realidade subjetiva, não é de surpreender que mulheres sejam acometidas, durante toda a vida, por sentimentos que os homens não costumam enfrentar até a meia-idade.

mula acima. Se a infelicidade de alguém é medida pela diferença entre suas idealizações e sua realidade, a infelicidade pode ser reduzida seja ao baixar as expectativas e celebrar a realidade, seja ao mantê-las e modificar a realidade.

Não é possível estabelecer uma regra geral sobre qual alternativa é preferível. Às vezes, convém mudar nossa realidade; noutras vezes, nossa realidade não precisa — ou não pode — ser alterada, cabendo-nos apenas celebrá-la ou, pelo menos, fazer as pazes com ela.

Um exemplo pessoal pode ajudar. Até onde sei, enquanto eu crescia, não houve nenhum caso de divórcio em toda a minha família. Então cresci e me casei acreditando que casamento era para a vida inteira. Juntamente com essa imagem de família, vieram outras — de uma esposa que me amasse, a quem eu correspondesse, e de quatro filhos sentados à mesa do jantar falando de assuntos elevados.

À medida que fiquei mais velho, essas imagens se tornaram mais poderosas. Então, quando, depois de cinco anos de casamento, à idade de 37, eu me divorciei — com um filho de três anos, ainda por cima —, meu mundo pessoal desabou. Tudo o que eu imaginara estava destruído: o casal intacto, o amor duradouro, os quatro filhos felizes. Como um homem divorciado, eu era, naquele momento, um fracasso aos meus próprios olhos. Além disso, em vez de quatro filhos felizes, eu tinha apenas um — a quem eu temia legar infelicidade, e não felicidade.

Dois anos depois, eu me casei novamente e, logo em seguida, confidenciei à minha nova esposa, Fran, que eu não conseguia me livrar dos sentimentos infelizes a respeito da situação familiar. Ela me perguntou o que havia de errado com a família que eu tinha: Fran, sua filha e meu filho. A verdade, eu lhe disse, era que, apesar da dor de estar com meu filho por apenas metade do tempo, nossa família era maravilhosa. "Então por que você não comemora isso?", ela me perguntou.

Foi exatamente o que resolvi fazer. Porém, só poderia cumpri-lo depois de decidir me livrar das imagens e das expectativas que não me deixavam celebrar o que era realmente digno de comemoração: a família que então eu tinha. Agora, enquanto escrevo estas palavras, nossas duas crianças já cresceram e se tornaram pessoas boas e felizes, e geramos o terceiro filho juntos. Todos temos sido bem-aventurados, porém, se eu não tivesse deixado aquelas idealizações de lado, nunca seria capaz de desfrutar inteiramente o quanto é boa — e, de fato, feliz — minha situação familiar.

Deveria ter me dado conta disso antes. Afinal, já havia visto o poder que as imagens têm de fazer uma pessoa infeliz bem mais cedo na vida. Quando eu tinha meus vinte anos, conheci um judeu ortodoxo solteiro, já na idade de 35, cuja solteirice me intrigava. De um lado, religiosos solteiros naquela idade eram raros — em quase todas as religiões, é esperado que os adeptos se casem cedo, de modo a confinarem sua prática sexual ao casamento. De outro, ele reclamava amargamente da solidão e do quanto desejava se casar.

— Então, por que você não é casado? — indaguei a ele.

— Porque não encontrei a mulher certa — ele disse com toda a seriedade.

Não deixei que ele escapasse com essa resposta.

— Você consegue descrever como seria a mulher certa? — insisti.

— Com certeza! — ele respondeu enfaticamente. — Sei exatamente o que eu quero: uma garota da *Playboy* que estude a Torá.

Verdade seja dita, a ideia de uma modelo da *Playboy* que estudasse a Torá me excitou também, mas, mesmo nos meus vinte anos, eu sabia que essa imagem era mais hilária que realista. Entretanto, esse homem se permitiu permanecer solitário e solteiro por causa dessa projeção. Se ele tiver desistido dessa imagem, provavelmente terá encontrado uma esposa maravilhosa; caso contrário, certamente é um homem solteiro até hoje! Talvez não façamos ideia do número de pessoas que se privam de alguma felicidade porque a esperam perfeita, a qual apenas a plena realização de uma fantasia, uma expectativa — ou uma imagem, como chamo — pode proporcionar.

Relato as histórias minha e dele porque elas me fizeram perceber como as imagens são poderosas e, portanto, potencialmente destrutivas. No meu caso, abandonar as imagens e abraçar a realidade funcionou. Em outras instâncias, todavia, trabalhei para mudar minha realidade — como quando eu larguei um emprego de prestígio, porém no qual eu era infeliz —, e isso também funcionou.

Apesar de suas capacidades destruidoras, às vezes as imagens podem desempenhar um papel bastante construtivo — especialmente em vidas emocionalmente dilaceradas. Quando usadas de maneira adequada, podem inspirar pessoas e lhes dar uma direção para melhorarem suas vidas.

Um psiquiatra relatou a história de um paciente cuja mãe era patologicamente ligada a ele, vestindo-o com roupas afeminadas e tratando-o como um bebê quando era uma criança. Ela era casada com um homem que trabalhava viajando por longos períodos e voltava apenas a cada duas semanas, por uns dias. Quando o marido — o pai do paciente — vinha a casa, os pais passavam quase todo o tempo a sós e deixavam o filho no cinema. Ali ele assistiu a filmes por dias inteiros e, nas palavras do psiquiatra, foi "criado por Cary Grant, Spencer Tracy e Jimmy Stewart". Mais tarde, na escola, já durante a adolescência, uma vez que não tinha outras referências masculinas, ele escolheu os amigos baseado em quem tinha melhores relações com o pai. Ele constantemente se cercava de boas imagens de homens, na vida e em filmes. (Hoje, infelizmente, filmes fornecem poucas imagens de homens assim, e a sociedade também oferece menos figuras paternas reais.) Em grande medida, graças a essas imagens, esse homem é plenamente realizado, tanto no âmbito profissional quanto como pai do próprio filho.

Ainda que nem sempre seja fácil distinguir entre imagens proveitosas e prejudiciais, na maior parte das vezes conseguimos fazê-lo. A realidade do solteiro ortodoxo não era feliz, em boa medida, porque as imagens o impediam de levar uma vida mais feliz, isto é, casando-se. Por outro lado, para o jovem tratado pela mãe como uma moça e abandonado emocionalmente pelo pai, imagens foram a salvação para uma vida melhor.

IMAGENS PODEM PROVOCAR DEVASTAÇÃO NA SOCIEDADE

A maior destruição forjada por idealizações tem sido no campo social. Ainda que imagens de perfeição na vida das pessoas possam ocasionar infelicidade, imagens de *sociedades* perfeitas — imagens utópicas — são capazes de fomentar o mal mais hediondo. Na verdade, mudar a sociedade forçadamente a fim de adaptá-la a determinadas concepções idealizadas foi a maior causa de maldade no século xx.

Assim como comparar frequentemente nossa realidade pessoal com imagens induz a estragos na vida decente mas imperfeita que levamos, comparar a realidade com uma imagem perfeita de sociedade quase sempre nos leva a construir uma sociedade pior. Os comunistas, que imaginaram uma Rússia utópica, destruíram a realidade terrivelmente falha do czarismo, porém produziram um lugar muito pior e nos legaram o *gulag*. Os alemães, que contrastaram a democracia falha da República de Weimar com as imagens do Grande Reich, arruinaram aquela democracia imperfeita e deram ao mundo Auschwitz. No Oriente Médio, hoje em dia, fiéis que comparam suas sociedades falhas com retratos de uma utopia religiosa governada por Deus e pelas leis de sua fé apoiam a criação de estados teocráticos totalitários. Norte-americanos que cotejam sua sociedade — uma das mais justas da história do homem — com uma espécie de paraíso isento de qualquer competição, racismo, sexismo e de toda falha real ou imaginária, ou mesmo com um passado idílico idealizado, quase sempre acabam por enfraquecê-la ao condenarem-na e reformarem-na excessiva e injustamente.

Por outro lado, sem nenhuma visão de uma sociedade melhor, teríamos poucos motivos para esperar um mundo melhor e pouca orientação acerca de pelo que lutar. Não obstante, imagens são como fogo e precisam ser tratadas como tal.

CAPÍTULO 9

A SÍNDROME DA TELHA FALTANTE

UMA DAS MANEIRAS MAIS EFICAZES como a natureza humana sabota a felicidade é quando se olha para uma cena bela e se fixa no que está falho ou faltando, não importa quão pequeno seja. Essa tendência é facilmente demonstrada. Imagine-se mirando um telhado no qual falta uma única telha. Muito provavelmente, você se concentrará nessa peça ausente. Na verdade, quanto mais bonita for a estrutura, mais você tenderá a se fixar na telha faltante e, assim, a permitir que isso comprometa sua apreciação do restante do telhado.

Tratando-se de telhados ou de qualquer outra coisa que exista numa forma completa, concentrar-se nos detalhes faltantes pode ser desejável. Não queremos que um médico menospreze um detalhe sequer no tocante à saúde ou que um construtor negligencie um único azulejo. Contudo, o que é desejável ou até necessário no mundo material pode ser muito autodestrutivo quando aplicado à realidade emocional. *Telhados podem ser perfeitos, mas a vida, não*. Nela, sempre haverá telhas faltando — até quando não há, sempre nos é dado *imaginar* uma vida mais perfeita e, portanto, *imaginar* que algo está falho.

Produtora de infelicidade, essa tendência que consiste em enfocar o que está escasso teve impacto sobre minha percepção em duas ocasiões. A primeira foi quando um homem careca me confidenciou: "Sempre que entro numa sala, tudo o que vejo é cabelo". Pobre sujeito. Quando ele está em meio a pessoas, tudo o que vê são os cabelos dos outros homens; quando se olha no espelho, enxerga apenas uma cabeça careca. Ele nem imagina quão pouco sua calvície importa para quase todo mundo. Ficou chocado ao constatar que aqueles de nós que temos toda a nossa cabeleira não nos atentamos — na verdade, alguns de nós nem notamos — aos homens que são carecas. Depois de eu conhecer cinco homens, se porventura me perguntarem qual é o careca, terei dificuldade para lembrar.

A maioria de nós que temos cabelos não pensa, nem de longe, que os ter seja relevante para a nossa felicidade, tal como acredita o homem careca. A validade da nossa percepção pode ser determinada ao se investigar se homens com cabelos são mais felizes que os carecas. Não sei se tal estudo já foi feito, mas duvido que haja alguma correlação entre cabelo e felicidade — e, se por acaso houver, será resultado direto do fato de homens carecas atribuírem tamanha importância à ausência de cabelo e *permitirem* que isso os faça infelizes.

A síndrome da telha faltante é onipresente. Se você estiver acima do peso, tudo o que verá serão barrigas retas e corpos perfeitos. Se você tiver espinhas, tudo o que notará serão peles perfeitas. Mulheres que têm dificuldade para engravidar andam por aí vendo apenas grávidas e bebês. Não é necessário estar com sobrepeso, ter espinhas, ser careca ou querer um filho para se convencer de que há uma peça faltante. É possível permitir que qualquer falha real — ou tão somente imaginada — diminua sua felicidade.

A outra ocasião veio mais cedo. Eu acabara de conhecer a síndrome da telha faltante, por meio do amigo Joseph Telushkin. Éramos ambos solteiros, à volta dos trinta anos, e com frequência falávamos sobre namorar e sair com mulheres. O tema mais recorrente era a nossa — especialmente a minha — busca pela *característica mais importante em uma mulher* (CMIUM). Eu estava obcecado em descobrir a CMIUM. Normalmente, depois de um encontro, eu telefonava a Joseph para anunciar qual era, de fato, a CMIUM. Depois de um encontro, era a personalidade; depois de outro, a atração física; após mais outro, a inteligência; e, por fim, bons valores.

— Joseph — eu sentenciava convicto —, nesta noite finalmente percebi qual é a coisa mais importante a se procurar numa mulher — e enunciava qual era.

Certa noite, passados anos dessa busca vã, Joseph abriu meus olhos. Eu estava prestes a lhe informar qual era a CMIUM, quando ele interveio:

— Dennis — ele interrompeu —, não me conte. Sei exatamente o que você vai dizer.

— Como pode saber? — eu perguntei. — Você nem conhece a mulher com quem eu saí hoje!

— Não faz diferença — tornou ele. — Você vai dizer que a característica mais importante é exatamente aquela que faltava à mulher do encontro de hoje.

Fiquei envergonhado diante do quanto ele estava certo. Percebi, de imediato, que por anos eu estive declarando que a CMIUM era qualquer traço que eu notasse ausente nas mulheres com quem saía. Não era de se estranhar que eu não conseguia achar a parceira ideal para me casar. Como nenhum ser humano tem todas as boas características, a toda mulher, por definição, faltava a CMIUM! Se com efeito eu quisesse encontrar e valorizar uma mulher, aquele seria um ciclo permanentemente autodestrutivo.

Com frequência, proclamamos o que cremos não haver em alguém como o atributo mais importante. Um traço que acreditamos ser escasso — ou que, de fato, é — em nosso filho se torna a característica mais desejada em um filho. Um aspecto que percebemos faltar a nosso cônjuge, de repente, transforma-se na qualidade mais relevante em um marido ou uma esposa. Para piorar as coisas, logo deparamos com aquele elemento na prole ou no cônjuge dos outros.

Esse é, ainda, outro modo de fazermos muito infelizes não apenas nós mesmos, mas também os outros. É da natureza humana concentrar-se no que falta e considerar aquilo a característica mais importante. Caso não nos condicionemos a dar destaque ao que efetivamente temos, acabaremos obcecados pelas peças ou telhas faltantes e permitiremos, assim, que elas se tornem obstáculos intransponíveis para a felicidade.

O QUE FAZER?

Para lidar com a síndrome da telha faltante de modo eficaz, é necessário:

1. Tomar consciência de quão forte é a percepção de que falta uma peça/telha em sua vida.

2. Identificar, o mais precisamente possível, qual é a telha faltante. Tal atitude permite que você tenha clareza sobre o que o incomoda — ou, ao menos, o que crê o estar incomodando.

3. Determinar se obter essa telha é fundamental para a sua felicidade — ou se é apenas um dos muitos desejos insaciáveis que temos. Se a sua telha/peça faltante for, para citar um exemplo bobo, um excelente carro, pode-se concluir que você sofre devido à síndrome da telha faltante, e não em decorrência da falta da peça propriamente dita.

OBTENHA, ESQUEÇA OU SUBSTITUA
Uma vez que você tenha determinado qual é a telha faltan-

te, e apurado se ela realmente o fará feliz, deve fazer uma das três coisas a seguir: obtê-la, esquecê-la ou substituí-la por uma peça diferente. Se não fizer uma dessas três coisas, você acabará por permitir que a telha faltante o faça infeliz.

Se a peça não for crucial para a sua felicidade, a melhor solução será esquecê-la. A vida apresenta muitos obstáculos reais à felicidade para que você se deixe perturbar por aqueles que são insignificantes. Se, por outro lado, a peça faltante for essencial para a sua felicidade, claro, tente obtê-la. Se não puder, a melhor alternativa será tentar substituí-la por uma telha diferente, que também o satisfaça, ainda que, presumivelmente, não tanto quanto a original. Se nenhuma dessas opções for viável, faça o que puder para esquecer a peça faltante e concentre-se nas demais telhas presentes em sua vida, as quais fazem parte do telhado.

OBTENHA

Passados alguns anos do meu segundo casamento, embora eu estivesse bem-casado e amasse nossos dois filhos — uma filha, Anya, da união anterior da minha esposa, e um filho, David, do meu primeiro casamento — e, além disso, minha vida profissional estivesse indo bem, sentia profundamente que algo importante faltava em minha vida. Eu queria outro filho. Havia excelentes razões para não termos outro filho: minha esposa e eu estávamos à volta dos 45 anos de idade, já tínhamos dois filhos e amávamos viagens, independência e liberdade. No entanto, eu não conseguia me desapegar dessa peça faltante. Por mais que eu tentasse esquecê-la e concentrar-me em outras paixões, aquela telha ausente continuava a me assombrar. E eu estava certo em identificá-la como tal, pois, do dia em que nosso filho Aaron nasceu em diante, jamais voltei a sentir outra telha tão significativa faltando.

Fui extremamente afortunado. Pude, de fato, identificar e, então, obter minha telha faltante. Para muitas pessoas, isso não é possível. Em tais situações, elas precisam escolher entre esquecê-la ou substituí-la. No meu caso, substituir um filho faltante por outras peças/paixões teria sido a segunda melhor opção. Por exemplo, minha esposa e eu poderíamos ter nos concentrado um no outro, ter passado ainda mais tempo com nossos primeiros dois filhos e direcionado mais energia e atenção ao trabalho.

ESQUEÇA

Outro exemplo pessoal ilustrará a segunda opção: esquecer a peça que falta. Quando me divorciei, meu filho mais velho tinha três anos de idade, e sua mãe e eu concordamos com a guarda compartilhada. No começo, isso parecia ser bom para David, e, onze anos depois, creio que posso dizer que funcionou. Porém, não houve uma vez sequer que não tenha sido doloroso David me deixar para passar tempo com sua mãe. Essa foi uma verdadeira peça faltante na minha vida: não estar com David todos os dias. Contudo, ao contrário do exemplo anterior, nesse caso eu tinha a certeza de que essa peça não poderia ser obtida. Portanto, cabia a mim parar de pensar sobre o tempo que eu não tinha com David — a fim de esquecer essa peça faltante — e, além disso, aproveitar todo o tempo que pudesse com ele durante o período em que realmente o tinha por perto. Ironicamente, posso ter passado mais tempo com ele do que passaria se ele estivesse sempre comigo.

SUBSTITUA

Todo mundo, conscientemente ou não, já substituiu algo que faltava por outra coisa. A título de exemplo, cito Leon Fleisher, um dos maiores pianistas do século xx. Cedo na sua carreira, ele foi atingido por uma doença misteriosa que tornou impossível para ele tocar com a mão direita. Como os melhores médicos não puderam ajudá-lo, ele mudou a carreira para o ensino, a regência e a interpretação de peças de piano escritas para a mão esquerda. Talvez todas essas substituições não lhe tenham trazido a satisfação que tocar com as duas mãos lhe proporcionaria, mas elas foram infinitamente superiores à alternativa de lamentar-se da falta que fazia a mão direita.

CAPÍTULO 10

EQUIPARANDO FELICIDADE COM SUCESSO

UM DOS OBSTÁCULOS MAIS COMUNS à felicidade é equipará-la com sucesso. Embora essa paridade aflija particularmente os homens, passou a acometer também muitas mulheres que ingressaram no mercado de trabalho. Existem duas maneiras simples e efetivas de demonstrar que equiparar felicidade a sucesso é um erro.

Primeiro, escreva que nível de sucesso você acredita que o faria feliz. É, por exemplo, tornar-se presidente de uma companhia? Ganhar três vezes mais do que ganha agora? Ter uma empresa? Tornar-se um autor campeão de vendas? Descobri que, quando as pessoas são instadas a escrever o sucesso específico que as faria felizes, muitas delas começam a perceber que, seja qual for o nível de sucesso que imaginam, não resultaria em grande diferença no seu nível de felicidade.

Elas sabem que, para qualquer sucesso que alcançarem, pouco depois de atingi-lo, logo imaginarão outro nível de sucesso. *Se você equiparar felicidade a sucesso, você nunca vai encontrar uma quantidade de sucesso suficiente para fazê-lo feliz.* Há sempre mais sucesso a ser alcançado. Nivelar sucesso com felicidade é como mover as balizas do gol adiante toda vez que seu time ataca: seu time pode ser mais e mais bem-sucedido, mas as balizas permanecerão inalcançáveis. Na verdade, para que o sucesso afete sua felicidade, você tem que ser capaz de dizer: "agora sou bem-sucedido" — ou seja, "eu alcancei o gol". Você pode, é claro, continuar buscando mais sucesso, mas não como condição necessária para que seja feliz.

O segundo modo de demonstrar que o sucesso não é igual à felicidade é conversar com pessoas altamente bem-sucedidas e descobrir se elas são felizes. Tendo falado com certo número de pessoas assim, descobri que aquelas que são felizes já o eram antes de alcançarem o sucesso — ainda que seu êxito tenha certamente contribuído para sua felicidade. De modo análogo, aquelas que eram infelizes antes de atingi-lo permaneceram infelizes. Na verdade, estavam mais infelizes do que quando começaram. Como continuaram a tomar felicidade e sucesso como equivalentes e não alcançaram a felicidade, dedicam parcela ainda maior do seu tempo a buscar ainda mais sucesso. Portanto, não empenham seu tempo em coisas que realmente as fariam mais felizes.

POR QUE SUCESSO
É IMPORTANTE PARA VOCÊ?

A terceira razão pela qual o sucesso não é igual à felicidade diz respeito a por que o buscamos. Se sucesso é muito importante para você, é essencial que descubra por quê.

Existem, com certeza, razões saudáveis para se querer gozar de sucesso. É saudável querer algumas armadilhas materiais do sucesso — especialmente a segurança financeira para si e para sua família. É saudável querer algum reconhecimento por suas conquistas. É saudável valorizar o trabalho que se faz e querer ser bem-sucedido nele.

Entretanto, se você quer sucesso porque pensa que sua felicidade depende dele, ou se pensa que sua felicidade depende de ter sempre mais quantidade de dinheiro e mais reconhecimento, isso não é saudável — e de modo algum conduz à felicidade. Cabe a você descobrir por que é movido por isso. Só então será capaz de reconhecer que o sucesso, sozinho, não o fará feliz e, assim, conseguirá se libertar dessa perseguição incansável.

Se você se perguntar: "por que eu quero sucesso?", talvez possa compreender algumas coisas interessantes a respeito de si próprio. Por exemplo, muitas pessoas bem-sucedidas buscaram sucesso porque seus pais somente lhes davam afeto caso o tivessem conquistado. Portanto, buscaram sucesso para se tornarem dignas de amor. Eis uma das razões, incidentalmente, pelas quais é tolo invejar todas as pessoas bem-sucedidas: muitas são conduzidas por "demônios" que nenhum nível de sucesso pode atenuar.

Para outras pessoas altamente bem-sucedidas, o sucesso profissional funciona como uma droga, ou seja: 1) é buscado em doses sempre crescentes para sanar a dor — daí ser tão apropriado o termo *workaholic* ou "viciado em trabalho"; 2) é, da mesma forma, improvável que traga alívio em longo prazo; e 3) produz sofrimento quando não está disponível. Um exemplo é o ator que vive para o aplauso e murcha quando este lhe falta.

O PAPEL DO TRABALHO NA FELICIDADE

O sucesso no trabalho não é equivalente à felicidade. Não obstante, o trabalho pode ser uma grande fonte de felicidade — caso seja significativo para o indivíduo e produza satisfação para ele.

Geralmente, essas duas condições não são atendidas na vida daqueles considerados muito bem-sucedidos. Quando alguém se engaja no trabalho objetivando acima de tudo fazer dinheiro e conquistar sucesso, o trabalho raramente é fonte de alegria ou, em última análise, de significado. Por isso, voluntários, não remunerados, não raro obtêm mais felicidade no trabalho que milionários. Um teste simples para averiguar quanto você aprecia e encontra sentido em seu trabalho é se perguntar se continuaria fazendo o que faz caso ganhasse na loteria.

Pessoalmente, essa tese certamente se aplicou a meu próprio trabalho. Aquilo que me trouxe o maior sucesso não me trouxe a maior felicidade; aquilo que me trouxe a maior felicidade não foi particularmente um sucesso.

Meu maior sucesso profissional adveio da minha carreira de apresentador de programa de rádio — do tipo *talk show*, ao vivo —, a qual se iniciou em 1982. Especialmente, desde que a atração começou a ser transmitida diariamente, ela me trouxe alguma fama e boa renda. No entanto, o trabalho no rádio que me trouxe maior cota de felicidade foi um programa que ia ao ar apenas uma vez por semana, tarde da noite, aos domingos. Propiciou-me pouca projeção e pagava somente algumas centenas de dólares por episódio. Porém, toda semana, por dez anos, eu esperava ansiosamente para apresentar o *Religion on the line* (literalmente, *Religião na linha*),[1] no qual eu era o moderador

---

1. O nome do programa consiste num jogo de palavras muito espirituoso, cujas dimensões se perdem na tradução literal para o português. Isso porque *on the line* significa *na linha*, fazendo referência à participação telefônica de ouvintes e à transmissão radiofônica. No entanto, a expressão *on the line* traz também a conotação de *em jogo* ou *sob risco* e, até, *em xeque*, entre outras acepções possíveis. Portanto, a tradução não literal para *Religião em xeque* talvez refletisse melhor o sentido metafórico pretendido. [N.E.]

entre um pastor protestante, um padre católico, um rabino judeu e, frequentemente, um representante de outra fé.

Adoro conversar sobre religião, amo expandir meus horizontes ao encontrar adeptos de quase toda fé ao redor do mundo, e sabia fazer um bom trabalho ao tornar o tema religião intelectualmente vivo para cerca de cem mil pessoas a cada semana. Além disso, ali fiz amizades duradouras; aprofundei vastamente meu entendimento sobre religião; cresci muito ao me tornar uma pessoa mais predisposta a reconhecer que existem diversos caminhos para Deus e para a santidade; e me diverti muito — uma combinação bem potente para aumentar a felicidade.

Deixei tal programa para fazer outro de entrevistas em horário nobre, diário, com uma audiência de meio milhão de pessoas. A capacidade de influenciar muito mais pessoas tem sido uma grande fonte de satisfação, e a renda é bastante útil a quem sustenta uma família de cinco. Mas a verdade é que, em termos de trabalho, eu estava mais feliz fazendo o programa de menor prestígio, menos lucrativo e menos bem-sucedido — *Religion on the line*.

Da mesma forma, na minha carreira de escritor, tenho obtido uma felicidade única ao escrever e editar meu próprio boletim informativo pelos últimos treze anos. Ainda que não tenha alcançado sequer dez mil assinantes e não gere quase nenhum ganho financeiro pelo tempo consumido ao publicá-lo duas vezes por mês, produzi-lo tem sido uma imensa fonte de felicidade.

Minha terceira maior fonte de felicidade no trabalho também traz poucas recompensas em termos de sucesso, tal como ele é geralmente definido. Consiste em ensinar a Bíblia, versículo por versículo, num seminário judaico.

Portanto, minha própria vida e meu trabalho regularmente reforçam minha convicção de que a alegria e o sentido encontrados no trabalho de alguém — e não seu nível de sucesso — é que são fontes de felicidade.

DINHEIRO E FELICIDADE

Mesmo que alguém aceite todos os meus argumentos contra equiparar sucesso profissional e material com felicidade, é inegável que o dinheiro pode ajudar a aumentar a felicidade. Existe uma alegria profunda em ter uma linda casa; muito alívio em ser capaz de bancar estudos, cuidados com a saúde e outras coisas que você deseja proporcionar a seus filhos; muito prazer em ouvir Bach num excelente sistema de som; profunda satisfação em poder viajar ao redor do mundo; e uma imensa paz de espírito por não ter de se preocupar com problemas financeiros.

Porventura essas grandes contribuições potenciais do dinheiro para a felicidade invalidam o argumento de que sucesso não deve ser equiparado com felicidade? De forma alguma. Sucesso é sucesso, e felicidade é felicidade.

Entretanto, ao passo que sucesso financeiro e felicidade não devam ser equiparados, a busca por ele não é necessariamente daninha à felicidade. Perseguir o sucesso econômico é prejudicial quando se trata da busca do dinheiro por si só, e não por razões que aumentem a felicidade. É por isso que, conforme dito anteriormente, é fundamental determinar por que você almeja o sucesso.

Se você ambiciona sucesso financeiro por razões tais como aquelas enumeradas — maior alegria, paz de espírito, segurança para aqueles que você ama —, o sucesso econômico pode aumentar sua felicidade, especialmente se, ao atingi-lo, você passar a buscar outras metas mais profundas. Se, por outro lado, seu desejo por dinheiro emana de um anseio constante por coisas materiais, ou de uma necessidade de impressionar os outros, ou, ainda, decorre da vontade de ser rico simplesmente por ser rico, tornar-se bem-sucedido não vai aumentar — e pode até diminuir — sua felicidade. Isso porque, uma vez que tenha alcançado o *status* de ser rico, você ainda estará preso à infelicidade original e aos desejos nocivos, somados ao problema adicional de não ser mais capaz de fantasiar que ganhar dinheiro vai resolver sua infelicidade. *Pessoas infelizes, se forem pobres, pelo menos podem fantasiar que o dinheiro as fará felizes; se forem ricas, não têm sequer essa chance.*

Além disso, é crucial determinar o que você será obrigado a sacrificar a fim de ganhar mais dinheiro e alcançar mais sucesso. Para muita gente, ter uma grande renda cobra o preço de deixar de lado fontes de felicidade muito mais importantes. Por exemplo, se tiver que ignorar sua família, dedicar-se a um trabalho do qual se ressente, comprometer repetidamente seus valores mais caros, desistir de amizades ou encarar irritações diárias, tornar-se bem-sucedido fará de você uma pessoa mais infeliz, e não mais feliz.

DEFININDO O SUCESSO

Quando a maioria das pessoas pensa em sucesso, elas têm em mente sucesso profissional ou material. É esse o tipo de sucesso que não pode ser equiparado à felicidade. Existem, entretanto, inúmeras formas de sucesso que levam, de fato, à felicidade: sucesso no amor, nos relacionamentos e na criação dos filhos; êxito em transformar a vida de outras pessoas, em se tornar alguém mais profundo, em obter sabedoria, em fazer o bem e em aprender mais sobre si mesmo.

Por que, então, tantas pessoas definem o sucesso como uma conquista de ordem estritamente profissional ou material? Essa é uma questão complexa, pois vai direto ao cerne de muitos outros aspectos da vida.

Uma razão pela qual tendemos a definir sucesso em termos profissionais e materiais é a força motriz primária da atração homem/mulher. Homens, em particular, tendem a equiparar felicidade com sucesso profissional e material porque esse atributo atrai mulheres. O desejo masculino de atrair mulheres é tamanho que, se elas dessem amor e atenção a homens que possuíssem enormes coleções de selos, a filatelia seria o principal negócio da humanidade. É claro que homens exercem poder similar sobre o comportamento das mulheres, o que é um dos motivos pelos quais tantas mulheres equiparam felicidade com serem bonitas. A valorização masculina da atração física que as mulheres exercem é a contrapartida do fato de elas prezarem tanto o sucesso profissional e material dos homens.

Outra razão para definir sucesso em termos estritamente materiais é, novamente, básica: a maioria das pessoas tem um instinto competitivo; assim, há uma necessidade de mostrar que se é mais bem-sucedido ou rico que os demais. Isso não é uma construção social da civilização contemporânea. Nas montanhas da ilha de Nova Guiné, eu vi homens usando presas suínas para ostentar seu valor material, ao passo que mulheres, de Nova Guiné a Hollywood, exibem sua riqueza por meio de joias caras.

Mais um motivo pelo qual tendemos a definir sucesso dessa forma restrita é que o êxito profissional e material é normalmente mais glamoroso que a maior parte dos tipos mais significativos de sucesso. Por exemplo, ainda que muita gente reconheça que ter bons amigos é muito mais significativo — e muito mais importante para a felicidade — do que ter sucesso profissional, poucos de nós caracterizariam um homem moderadamente bem-sucedido no trabalho mas com amizades profundas e amorosas como sendo "um grande sucesso". Da mesma forma, nós normalmente chamamos os ricos de "bem-sucedidos" sem sabermos se eles têm sequer um amigo...

Não vislumbro um movimento mundial para se usar o termo *sucesso* de forma mais acurada, ainda que tal movimento pudesse promover, com efeito, grande incremento na felicidade humana. Porém, até que cheguemos a essa época abençoada, devemos francamente reconhecer que nossa atual definição de sucesso conduz mais ao aumento da infelicidade que da felicidade.

O ser humano é, em larga medida, seduzido pelo efêmero. Se algo brilha, nós o procuramos. Que essa falha faz parte da natureza humana é algo ilustrado no mito do Jardim do Éden, considerado pelo mundo ocidental como um paradigma fundamental da condição humana. Adão e Eva pareciam ter tudo que qualquer pessoa poderia desejar, incluindo a imortalidade. Existia apenas uma coisa que poderia destruir tudo o que eles tinham: comer da Árvore do Conhecimento do Bem e do Mal, "que é bela de se ver".[2] E, então, exatamente como todos nós agiríamos — Adão e Eva representam todos os homens e todas as mulheres —, eles comem o fruto proibido de tal árvore, pensando que, porque é "bela de se ver", ela aumentaria sua felicidade.

Lindas casas, carros brilhantes, roupas maravilhosas, joias cintilantes e, claro, homens e mulheres atraentes são

---

2. Cf. Gn 2:9 [N.E.]

"belos de se ver". Eis por que buscamos sucesso material em detrimento de todas as situações que realmente nos trazem felicidade: porque é sedutor e glamoroso, e nós pensamos — se é que realmente pensamos sobre isso — que, uma vez sendo assim, aquilo nos fará felizes. Quantos homens ignoraram esposas e filhos, nunca cultivaram amizades profundas, nunca aprofundaram seu conhecimento e sua sabedoria, nunca olharam para dentro de si mesmos — tudo isso que nos traz felicidade — a fim de buscar coisas que são "belas de se ver"?

Frequentemente me recordo do que sacerdotes de todas as religiões me relataram: "Estive com muitos homens próximos da morte, e nenhum deles jamais disse: 'Só me arrependo de não ter passado mais tempo no escritório'".

CAPÍTULO 11

EQUIPARANDO FELICIDADE COM DIVERSÃO

NA OCASIÃO EM QUE ESCREVI o primeiro ensaio afirmando que a felicidade não deve ser equiparada à diversão, meu filho David tinha sete anos de idade. Quando ele olhou para a tela do computador e leu em voz alta as palavras do título, "Felicidade não é diversão", ele virou-se para mim, bastante confuso, e perguntou: "Não é?".

Para uma criança, a noção de que diversão é algo distinto de felicidade é simplesmente inconcebível. Como adultos, muitos de nós continuamos nos apegando a essa crença — o que é lamentável, porque igualar diversão com felicidade constitui um grande obstáculo para a felicidade.

A maioria das pessoas acredita nesta equação: $F = n\mathrm{D}$; isto é, o total de felicidade (F) é igual ao número (n) de experiências divertidas (D). Como um amigo certa vez me disse: "Sempre pensei que, se eu pudesse simplesmente acumular momentos divertidos, eu seria feliz".

A maior parte das pessoas crê que felicidade e diversão são praticamente idênticas. Peça-lhes, por exemplo, que imaginem pessoas felizes. Geralmente, evocam de imediato uma cena de pessoas *se divertindo*, seja rindo ou jogando, seja bebendo numa festa. Poucas pessoas concebem um casal criando filhos, um casamento que já dura trinta anos, alguém lendo um grande livro ou pessoas fazendo qualquer das outras coisas que realmente trazem felicidade.

Outra maneira de averiguar o valor conferido à diversão é olhar para um dos poucos lugares em que as pessoas declaram publicamente o que é importante para elas: anúncios de gente solteira. Diversão e coisas que a proporcionem — esquiar, velejar, jogar tênis, assistir a filmes, ir a eventos de esporte, jantar fora — predominam sobre todas as demais considerações. Essas propagandas, é oportuno lembrar, são principalmente para prováveis companheiros, e não para colegas de lazer. A própria diversão é repetidamente mencionada como atributo necessário nas pessoas procuradas e, também, como uma característica definidora de quem veiculou a chamada.

As propagandas a seguir são todas retiradas de apenas uma edição da revista *New York*, provável morada dos anúncios de solteiros mais sofisticados dos Estados Unidos, pois custam em média centenas de dólares por inserção (os grifos são meus).

— *Homem elegante nos seus 30 anos procura* [...] *uma relação* divertida *e romântica*.

— *Atraente,* [*morando em*] *Long Island, exuberante* [...] *procura homem branco amoroso, 45–55 anos, para* diversão *sincera.* [*O que seria diversão* insincera?]

— *Judeu, 45, optometrista, buscando companhia para* velejar, esquiar *e ter um relacionamento* divertido. [*Na eventualidade de "velejar" e "esquiar" não esclarecerem quão importante a diversão é para esse técnico da oftalmologia, ele adiciona "relação divertida".*]

— *Cabelo longo cacheado, bonita, profissional,* divertida.

— *Altamente bem-sucedida, muito atraente, muito bem-educada,* amante da diversão *e moradora de Manhattan procura sua contraparte masculina definitiva.*

— *Mulher excitante busca homem romântico e* amante da diversão *com mais de 50 anos.*

— *Mulher branca e atraente, divorciada, 41, busca homem branco, sensível, que* ame se divertir.

— *Atraente mulher branca, solteira e bem-humorada, que ama praticar esportes, cozinhar, viajar e se* divertir.

— *Se você é um profissional de sucesso, acima dos 46, com* [...] talento para se divertir, *entre em contato comigo.*

Por último, um homem que leva a diversão a sério:

— *Profissional, atlético, cristão atraente, 28, busca mulher* [...] *para* dançar, ir à praia e se divertir *de maneira animada, somente a sério.*

Mesmo reconhecendo que, como amigos e companheiros, pessoas que gostam de se divertir são preferíveis àquelas que não gostam, o problema de supervalorizar o divertimento permanece. Por que a diversão é considerada tão importante? Por que essa busca implacável por ela?

A explicação mais óbvia é que diversão é agradável, e somos programados para procurar aquilo de que gostamos: sexo, comida, bebida e todos os outros prazeres dos sentidos. Porém, há uma motivação mais profunda pela qual as pessoas buscam a diversão de modo tão obstinado: elas acreditam que isso lhes trará felicidade.

Muito frequentemente as pessoas chegam a conclusões inapropriadas não em virtude de sua incapacidade de raciocinar, mas porque elas raciocinam a partir de premissas errôneas. A recusa de marinheiros antigos em penetrar demasiadamente o alto-mar, a fim de que não "caíssem do mundo", não decorria de um raciocínio falho; essa ideia até soaria razoável diante da premissa falha de que a Terra seria plana. Da mesma forma, não lança mão de um raciocínio equivocado aquele grande contingente de pessoas que pensa que uma quantidade maior de festas, relações sexuais, filmes, roupas e carros chiques, em meio a uma gama de coisas que fornecem divertimento, será capaz de trazer felicidade. O engano está no pressuposto original, de que mais diversão trará felicidade.

É essa premissa falha que induz tantas pessoas a buscarem diversão com a mesma tenacidade como perseguem o sucesso profissional. Por exemplo, a menos que minhas próprias experiências e aquelas que me são relatadas sejam atípicas, muitos comparecem a festas não porque se divirtam tanto assim, muito menos por ficarem mais felizes durante tais eventos, mas porque, em vez disso, associam festas à diversão e acreditam que esta leva à felicidade.

Essa crença mantém as pessoas demandando mais provedores de divertimento, os quais, no fim das contas, não trazem felicidade — muitas vezes, nem sequer proporcionam tanta diversão. "Se a festa de hoje não foi tão divertida e não aumentou minha felicidade, era a festa errada. Da próxima vez, com um grupo mais badalado, mais animado ou mais rico, passarei momentos incríveis!" O pensamento prossegue: "Em algum lugar, há pessoas se divertindo bastante — e essas pessoas são felizes".

COMO DIVERSÃO E FELICIDADE DIFEREM ENTRE SI

Para entender por que diversão não cria felicidade, e ainda pode se conflitar com ela, devemos entender a maior diferença entre ambas: *diversão é fugaz; felicidade é persistente*. Para colocar de outra maneira: diversão é o durante; felicidade é o durante e o depois.

O sexo provê um bom exemplo. Pouco na vida é tão divertido quanto seduzir ou ser seduzido por alguém altamente desejável e, então, experimentar um sexo excitante.

Ainda assim, a maior parte das pessoas, se não nutre afeto por aquele parceiro, não se torna mais feliz em seguida. O sexo casual é uma boa demonstração da regra de que diversão é o durante; felicidade é também o depois.

Para melhor ilustrar as distinções entre diversão e felicidade, proponho uma classificação de três tipos de divertimento.

ENTRETENIMENTO

A primeira espécie de diversão é simplesmente o lazer, tal como ir a um parque de diversões, a um evento esportivo ou assistir a um filme ou à televisão. Ao passo que todas essas atividades são agradáveis, nenhuma delas promove felicidade.

Essa afirmativa não é um argumento contra nenhuma dessas ações. Tais passatempos podem desempenhar um papel muito construtivo na vida. Quando usados criteriosamente, eles nos auxiliam a manter a felicidade, pois nos ajudam a relaxar, seja desviando a concentração para longe dos problemas, seja nos fazendo rir.

Contudo, essas distrações não *criam* felicidade e, de fato, podem representar uma ameaça a ela. Como o desfrute do lazer termina quando aquele momento acaba, pessoas infelizes podem vir a depositar sua confiança no entretenimento como uma válvula de escape à infelicidade, perseguindo-o incansavelmente.

DIVERSÃO QUE DIMINUI A FELICIDADE

Existe um segundo tipo de diversão, o qual pode, na verdade, diminuir a felicidade. Não faço alusão a nada imoral ou ilegal, tal como consumir drogas. Refiro-me a nada mais sinistro do que, por exemplo, alimentar-se de comida que engorda. Comer algo delicioso é um grande prazer, mas, para muitas pessoas, essa diversão é mais fonte de infelicidade que de felicidade.

Qual grupo é mais feliz: o de quem se alegra comendo toda a comida que aprecia ou o daqueles que aprenderam a se privar frequentemente desse tipo de prazer e mantêm o corpo que querem?

DIVERSÃO COMPULSÓRIA

Uma terceira categoria de diversão que ilustra bem a regra do "durante *versus* depois" é a que chamo de diversão compulsória. A característica distintiva é que ela é induzida pelas expectativas sociais, e não pelos desejos pessoais.

Bons exemplos são o Ano-Novo e, para aqueles que transformaram dias santos em feriados festivos, o Natal. Para essas pessoas, o propósito do Natal é alegrar-se e, do *réveillon*, divertir-se. Não obstante, essa época do ano é notória por muita gente vivenciar o agravamento da *infelicidade*, tanto da parte de quem vai às festas compulsórias quanto daqueles que não vão. As pessoas que não comparecem às comemorações de Natal e de Ano-Novo pensam que estão perdendo a diversão que todos os outros experimentam. Já aqueles que se fazem presentes acreditam que precisam ter ótimos momentos, do contrário, terão desperdiçado o potencial único de divertimento do Ano-Novo. E, ainda, tal como sugere toda bebida que acompanha o *réveillon*, dificilmente as pessoas acabam por aumentar sua felicidade nessas ocasiões, fato que muitas delas reconhecem na manhã seguinte.

Não se trata de afirmar que há algo errado, em termos de moralidade ou de felicidade, em participar de festas de Natal, de Ano-Novo ou de qualquer outro gênero. Trata-se apenas de apontar que a "diversão compulsória" geralmente não oferece a diversão esperada e que, certamente, não proporciona felicidade.

DIVERSÃO *VERSUS* FELICIDADE

O lazer é um elemento definitivamente importante para uma vida feliz, conforme se verá a seguir, na próxima seção. Entretanto, a menos que entendido e usado de maneira adequada, ele pode, na verdade, reduzir a felicidade.

Uma das razões é que a diversão compartilha certo número de características com as drogas. Motivados pela crença de que o divertimento — e sua parceira, a excitação — trará felicidade, muitos homens e mulheres se tornam viciados nele, passando a persegui-lo com cada vez mais energia, dinheiro e tempo; às vezes, mediante alto custo para sua vida pessoal e sua família.

O divertimento partilha um traço adicional com as drogas: a próxima dose tem que ser tão ou mais forte que a precedente. Para muita gente, a diversão em doses moderadas não satisfaz; a "onda" é insuficiente. Então, para aqueles que associam a diversão à felicidade, buscá-la com moderação é tão absurdo quanto buscar felicidade comedidamente.

A necessidade de aumentar o patamar de excitação no que tange a divertir-se é um problema real. Pense em quanto entusiasmo você sentiu na primeira vez em que beijou — meramente beijou — um namorado ou uma namorada. Algum tempo depois, beijar deixou de proporcionar excitação o bastante, e as carícias intensas começaram. Então, sua capacidade de propiciá-la se esgotou também, e seguiu-se o ato sexual.

Portanto, para aqueles que perseguem diversão em vez de felicidade, o sexo também perde muito de seu dom de prover entusiasmo e animação, ao longo do tempo, e prazeres mais potentes se fazem necessários. Exemplos podem incluir a procura de sexo com outros parceiros, seja por meio da infidelidade, que geralmente reduz a felicidade, seja permanecendo solteiro e tendo múltiplos parceiros, um estilo de vida mais associado à solidão que à felicidade.

No que concerne a este tópico, às vezes penso que as estrelas de Hollywood têm, praticamente, um papel confiado por Deus a desempenhar em nosso mundo. Os mais ricos, bonitos e famosos indivíduos, que de fato têm acesso permanente à máxima diversão — as melhores festas, o sexo com parceiros glamorosos, os carros mais caros, as casas mais luxuosas, as férias mais exóticas e a maioria das oportunidades de participar ou frequentar os mais cobiçados eventos esportivos e espetáculos de toda sorte —, repetidas vezes nos lembram de que essas coisas simplesmente não nos conduzem à felicidade. Como observei antes, em memórias após memórias, eles nos revelam vidas tristes por trás de toda aquela diversão. Sendo assim, deveríamos nos sentir em grande débito com cada estrela de Hollywood que escreveu sobre o alcoolismo, os filhos perdidos, a vida deprimida, a profunda solidão e os vários vícios que experimentaram.

Caso aprendêssemos com a vida alheia — um dos traços que talvez melhor defina a sabedoria —, seríamos muito gratos a tais pessoas por nos oferecerem esses testemunhos fidedignos de que a diversão não leva à felicidade. Porém, como a maioria das pessoas não aprende a partir da vida dos outros, continua a alimentar a convicção de que o próximo provedor de diversão concederá aquilo que os anteriores foram incapazes de proporcionar: a felicidade.

Além das qualidades semelhantes às das drogas, há outra maneira, igualmente poderosa, por meio da qual a noção de diversão pode, de fato, diminuir a felicidade. Se igualamos o divertimento com a felicidade, logo o oposto de diversão — ou seja, a dor — equivale à infelicidade. Todavia, como não há felicidade isenta de dor, a tentativa de evitá-la a qualquer custo, divertindo-se tanto quanto possível, acaba tornando a felicidade inatingível. Esse assunto é discutido no próximo capítulo.

O USO ADEQUADO DA DIVERSÃO

A IMPORTÂNCIA DA DIVERSÃO

Uma vida consagrada a repelir o lazer, tal como uma vida dedicada a ele, também não conduzirá à felicidade. Assim como em qualquer aspecto da vida, o caminho do meio é o caminho para a felicidade.

Uma boa maneira de compreender o papel que a diversão desempenha quanto à felicidade é estabelecer uma analogia com comida e tempero, de modo que a comida representa as necessidades básicas da vida, e o tempero, a diversão. Não podemos viver somente de tempero; é o alimento, o qual o tempero torna saboroso, que nos dá nutrição para viver. Mas a refeição sem condimentos acaba nos levando a comer como obrigação, e não por prazer. De modo análogo, não podemos viver apenas da diversão; contudo, viver exclusivamente das coisas essenciais e monótonas faz da vida uma obrigação, e não um prazer.

Entendida dessa forma, a diversão é muito importante para a felicidade. A vida tem um grande nível de estresse e rotina, e o ser humano necessita aliviar-se disso. A diversão e o lazer permitem esse alívio. É por isso que somos muito mais capazes de lidar com os problemas da vida após um período de férias.

O argumento em favor do lazer deve ser enunciado de maneira tão firme quanto aquele que repudia a equiparação do lazer ou do divertimento com a felicidade. Assim como há hedonistas — indivíduos que vivem para se divertir o quanto puderem e, portanto, não alcançam felicidade duradoura —, existem os ascetas, os quais se opõem à diversão, e, ainda, aqueles que padecem de anedonia, isto é, são incapazes de se divertir ou de ter prazer. Membros desses dois últimos grupos talvez sejam assim por motivos psicológicos ou filosóficos. Possivelmente, foram criados para associar a diversão ao sentimento de culpa, ou para acreditar que o lazer é pecaminoso ou, quem sabe, antagônico a uma vida verdadeiramente profunda e significativa.

COMO USAR A DIVERSÃO

Tendo a metáfora da comida em mente, podemos dizer que a diversão ocorre em duas modalidades: temperos e sobremesas. Os temperos permitem que se obtenha prazer ao ingerir alimentos necessários à nutrição adequada — por exemplo, temperos podem tornar deliciosas algumas proteínas sem muita graça. De modo análogo, a melhor maneira de usar a diversão é adicioná-la como um tempero àquilo que é necessário para uma vida boa e feliz: trabalhar, criar uma família, estudar etc.

Sobremesas, por outro lado, são alimentos ingeridos unicamente por prazer. Assim, da mesma forma que certas diversões são análogas a temperos, outras são comparáveis a sobremesas. As desse último grupo não acompanham afazeres importantes; não passam de satisfação. Por vezes, é gostoso entregar-se ao entretenimento puro e simples, sem nenhuma atividade significativa a ele associada, tal como às vezes é bom comer apenas a sobremesa. Contudo, uma vida puramente de gozo é tão insatisfatória e incompleta como refeições sucessivas feitas somente de sobremesa.

Portanto, em vez de confiar em distrações relativamente insignificantes — as sobremesas — para a maior parte da nossa satisfação, devemos tentar tornar as coisas importantes que fazemos o mais divertidas possível, isto é: adicionar tempero ao alimento. Por exemplo, geralmente acho o ato de escrever difícil e laborioso; portanto, procuro transformar tal ação em algo tão divertido quanto possível. Quando escrevo à mão, uso canetas-tinteiro variadas e tintas de cores diferentes; quando redijo no computador, periodicamente troco de teclado, alterno fontes e uso o monitor com a máxima definição e a melhor gama de cores que eu puder pagar.

Sendo assim, a diversão é algo que pode ser infundido em praticamente toda empreitada. Eis a grande importância da diversão. Se você consegue se alegrar enquanto faz algo de significativo — criar sua família, atuar na sua profissão, ser voluntário no trabalho beneficente —, você será, efetivamente, uma pessoa mais feliz.

Além disso, há também a necessidade e o momento

adequado para a sobremesa, isto é, para fazer algo unicamente por diversão. De *hobbies* a férias e aos esportes, as possibilidades são — às vezes, infelizmente — ilimitadas.

Neste ponto, quero fazer uma recomendação específica para os leitores jovens que buscam ser mais felizes. Sei que é muito tentador usar o tempo de férias apenas para se divertir. Mesmo assim, sinto-me afortunado por ter percebido, ainda na juventude, que há uma alternativa à tríade "sol, praia & piscina", ou seja, as férias podem proporcionar não somente distração e lazer, mas também crescimento pessoal. Enquanto muitos dos meus amigos utilizavam suas férias para se deitar ao sol na praia ou à borda de uma piscina de hotel, eu gastava normalmente a mesma quantidade de dinheiro para viajar ao exterior — infelizmente, sozinho, pois ninguém queria me acompanhar à Bulgária, por exemplo. Posso não ter tido tanta diversão propriamente dita como alguns amigos tiveram, mas minhas viagens eram divertidas — e ainda me trouxeram felicidade duradoura. Considero que viajar para mais de setenta países está entre as coisas mais enriquecedoras que já fiz.

CONCLUSÃO

Um entendimento adequado da diversão é uma das mais libertadoras e poderosas descobertas. Libera-nos tempo, pois, então, podemos dispensar menos tempo aos divertimentos que não nos fazem felizes. Pode nos aliviar financeiramente, pois talvez não precisemos comprar aquele item caro para sermos mais felizes. Liberta-nos da inveja, pois percebemos que todas aquelas pessoas que acreditávamos serem tão felizes porque aparentam se divertir tanto provavelmente não o são.

No momento em que entendemos que diversão por si só não nos conduz à felicidade, começamos a levar nossas vidas de maneira diferente. Os efeitos dessa compreensão transformam a vida como um todo.

CAPÍTULO 12

DOR: TEMO, LOGO EVITO

COMO VIMOS, IGUALAR diversão com felicidade acarreta muitas consequências negativas. Um dos piores efeitos dessa confusão é reforçar a crença de que, se você quer ser feliz, deve evitar a dor. Afinal, se a diversão conduziria à felicidade, a dor levaria à infelicidade.

Nada poderia ser menos verdadeiro. Tudo que gera felicidade envolve dor. É largamente reconhecido que a obtenção de sucesso na vida profissional e nos esportes, para citar apenas dois exemplos, está ligada à dor — convicção expressa em noções como "trabalho duro", autodisciplina e gratificação tardia. Por outro lado, alcançar o êxito em ser feliz quase nunca é associado à dor.

Como resultado, muitas pessoas evitam algumas das principais coisas que lhes poderiam propiciar a mais profunda felicidade, tais como casamento, filhos, buscas intelectuais desafiadoras, compromisso religioso e trabalho voluntário. Elas temem a dor que inevitavelmente acompanha tais situações e, portanto, dedicam mais tempo a atividades "prazerosas" que trazem pouca felicidade, tais como assistir à televisão.

Como o salmista asseverou milênios atrás, "Os que semeiam em lágrimas segarão com alegria".[1] Muitas pessoas, no entanto, acreditam que podem tanto semear quanto ceifar sem lágrimas.

Pergunte a um solteiro de quarenta anos por que permanece solteiro, muito embora ele admita que novos encontros proporcionam cada vez menos satisfação — e nenhuma felicidade —, e ele provavelmente responderá que teme comprometer-se de modo permanente, algo que é bastante penoso para a natureza masculina. Mesmo assim, apesar de a vida de solteiro ser associada a divertimento e animação, são os homens casados os mais felizes, de acordo com todo estudo do assunto, os quais vivem de maneira mais saudável e por mais tempo.

De forma semelhante, casais que escolhem não ter filhos optam por uma vida menos dolorosa do que aqueles que decidem tê-los. Mas há determinada felicidade decorrente de ter filhos que é impossível se replicar sem eles — o que é discutido em detalhes no capítulo 25.

Muita gente parece querer o seguinte epitáfio: "Vivi a

---

1. Sl 126:5 (BÍBLIA de estudo Scofield. Versão Almeida Corrigida Fiel. São Paulo: Holy Bible, 2009). [N.E.]

vida menos dolorosa possível". Porém, o propósito da vida não é evitar a dor. Esse, aliás, é o sentido da vida animal — mas animais não conhecem a felicidade.

"Viver é sofrer", escreveu Dostoiévski. Se o grande romancista russo quis afirmar que viver é *apenas* sofrer, ele era, então, muito pessimista. Todavia, caso tenha pretendido dizer que para viver e experimentar a vida por inteiro é necessário sofrer, ele estava inteiramente certo.

Uma das razões pela qual número razoável de membros da minha geração são infelizes é que eles foram criados para acreditar que uma vida livre de dor é possível. Muitos de seus pais trabalharam assiduamente para resguardá-los da dor e da frustração, involuntariamente lhes ensinando que evitar a dor é importante para a felicidade. Desse modo, impediram que seus filhos aprendessem a lidar com a dor.

A escolha é sua: você quer uma vida tão livre de dor quanto puder ter ou uma vida o mais plena possível? As duas alternativas se excluem mutuamente. *No pain, no gain* — "sem dor, não há ganho" — é uma máxima verdadeira não somente visando desenvolver um bom corpo, mas também válida quanto a se forjar uma vida boa.

CAPÍTULO 13

EXPECTATIVAS

QUANDO ESTUDEI RELIGIÃO comparada na faculdade, aprendi um ensinamento budista que teve um efeito profundo e duradouro sobre mim: na vida, a dor decorre de desejos e expectativas não satisfeitos. Baseado nesse entendimento, o budismo visa eliminar tanto um como outro.

Não consegui aceitar a primeira parte da meta budista: que alguém se livre dos desejos. Indivíduos e sociedades que tentam eliminá-los pagam, com frequência, um preço com o qual não estou disposto a arcar. Afinal, sem conservar a aspiração pela saúde, por exemplo, ninguém trabalharia para descobrir curas ou vacinas contra doenças. Essa é uma das razões pelas quais a sociedade ocidental, cujas tradições religiosas e humanistas consideram desejos como aceitáveis, tem sido a fonte da maior parte dos progressos da medicina moderna. A China, que também cultiva as artes médicas, é, de modo similar, herdeira de tradições que acolhem o desejo.

É claro que muitos de nossos anseios não são saudáveis

e podem levar a consequências negativas. Mas eles são parte indispensável de uma vida *boa* — leia-se: moral e feliz —, muito embora possam facilmente agir contra a felicidade.

Expectativas, entretanto, são outro assunto inteiramente diferente. Nesse aspecto, o ensino budista é de importância universal. Se porventura entendermos expectativa como a certeza de que algo acontecerá, ou de que podemos tomar o bem do qual usufruímos como garantido, ou, ainda, de que é sensato sentir que temos direito àquilo que almejamos, então, expectativas levam à infelicidade, causam dor sem razão e minam a mais importante fonte de felicidade: a gratidão.

Embora se livrar de expectativas pareça impossível e/ou indesejável para grande parte das pessoas, minimizá-las é não apenas realista, mas altamente desejável. Em regra, *expectativas conduzem à infelicidade*.

Tome a expectativa da saúde como exemplo. Para a maioria das pessoas, o único momento em que a boa saúde lhe traz felicidade é quando não esperam estar saudáveis e, de repente, descobrem que estão. Imagine que você detecta um nódulo estranho em seu corpo. Ao consultar um médico, ele lhe diz que se trata de algo que levanta suspeitas e que é necessário fazer uma biópsia. Depois de esperar uma semana pelos resultados, você fica sabendo que o nódulo é benigno. Aquele será um dos dias mais felizes de sua vida.

Isso é notável, porque, no dia anterior à descoberta do nódulo, você não estaria nem um pouco mais saudável do que no dia imensamente feliz em que soubesse que o nódulo era benigno. Nada no estado da sua saúde teria mudado, mas, mesmo assim, você ficaria profundamente feliz. Por quê? Porque, naquele dia, *você não esperaria* estar saudável.

Porventura estou afirmando que não devemos ter a expectativa de saúde? Exatamente! Nós podemos e devemos *desejar* ter saúde e trabalhar para isso. Porém, de modo ideal, deveríamos acordar todo dia e sermos felizes pela nossa boa saúde, como se houvéssemos acabado de receber a notícia maravilhosa de que um nódulo foi diagnosticado como benigno.

Eis outro exemplo: normalmente, a maior parte da dor que sofremos quando uma pessoa querida morre é causada menos por sua morte e mais pelas expectativas insatisfeitas — nomeadamente, nossa expectativa de que ela vivesse mais. Não importa quanto amemos nossos pais; experimentaremos dor muito maior caso venham a morrer jovens do que se falecerem aos noventa anos. Ou seja, sentimos profundamente a falta dos nossos entes queridos, não importa a idade com que partam, mas aceitamos sua morte com muito mais serenidade se fenecerem em idade avançada.

Pela mesma razão — isto é, em função de expectativas diferentes —, nos séculos passados, quando frequentemente as crianças morriam em seus primeiros anos, muitos pais não lamentavam a morte prematura de um filho como o fazem as famílias da atualidade. Isso porque as gerações anteriores *não esperavam*, não no mesmo grau, que seus filhos vivessem além da infância, tal como os pais de hoje esperam. Nesse caso, também, são expectativas que jazem no cerne da infelicidade.

Um terceiro exemplo: se esperamos ser contratados para determinado trabalho e não somos, tornamo-nos infelizes. Isso significa que, quando formos a uma entrevista de emprego, não devemos esperar ser contratados? É precisamente o que defendo. Mas tal atitude não entra em conflito com grande parte dos conselhos profissionais sobre conseguir empregos? Sim, entra!

Vou explicar por meio de uma história pessoal. A maior das minhas metas de caráter abrangente sempre foi comunicar meus valores e minhas ideias para o máximo de pessoas que conseguisse. Sendo assim, eu estava incrivelmente entusiasmado quando, aos 32 anos de idade, fui convidado a atuar como apresentador de um programa do tipo *talk show*, a título de experiência. Era em uma das estações de rádio de maior sucesso nos Estados Unidos, a KABC, de Los Angeles. Ainda sou capaz de lembrar minha disposição íntima ao entrar na estação. Eu acreditava que merecia o posto, realmente o almejava e, também, tinha grande confiança na minha capacidade de impressionar positivamente meus futuros empregadores. Mas eu não *esperava* conseguir o emprego.

Por que não? Porque sei que não controlo meu destino por inteiro. Para ilustrar, eu conheço o papel da sorte na vida: e se eu fosse acometido por uma laringite na noite do meu teste? E se o sobrinho do diretor do programa também estivesse concorrendo à vaga? E se eu tivesse um acidente de carro naquela noite?

Essa atitude pode soar contraproducente àqueles que pensam que sucesso profissional depende de sempre esperar a vitória. Mas não é o caso. Eu queria aquela oportunidade tanto quanto qualquer postulante, e suspeito que tinha tanta autoconfiança como os demais. Contudo, ao contrário de quaisquer candidatos que esperassem conquistar a posição, poupei-me da infelicidade que viria à tona caso não o conseguisse. Além disso, quando fui contratado, pude experimentar enorme gratidão; em boa medida, por não ter grande expectativa — certamente mais gratidão do que se eu esperasse conquistar aquele emprego.

Para a maior parcela das pessoas, nas circunstâncias de modo geral, expectativas são empecilhos desnecessários à felicidade. Quando expectativas não são cumpridas, elas causam dor em vão; quando são atingidas, diminuem a gratidão, o principal elemento da felicidade.

EXPECTATIVAS PREJUDICAM A FELICIDADE QUANDO NÃO SÃO ALCANÇADAS — E TAMBÉM QUANDO SÃO

Se nossas expectativas não são atingidas, sofremos a dor

do desapontamento ou da decepção. Ademais, quanto maior a expectativa, maior a dor — dor desnecessária, ainda por cima.

Vamos retornar à hipótese da candidatura a determinado emprego e às atitudes prováveis perante a possibilidade de contratação. Normalmente, somos aconselhados a alimentar a expectativa de êxito, sob a alegação de que essa convicção aumenta imensamente as chances de obtê-lo. A fim de provar essa tese, sempre ouvimos daqueles que alcançaram o desejado emprego — o prêmio, o aumento ou, ainda, outra meta social altamente cobiçada — que esses vitoriosos "sempre souberam" que conquistariam o alvo de suas ambições e que tal "conhecimento prévio", ou expectativa, foi fundamental para o sucesso.

O problema com essa atitude é que nunca ouvimos os 250 candidatos que também esperavam ser contratados, mas não foram. Que dor essas pessoas sofrem, desnecessariamente, porque esperavam a conquista de um emprego que não se concretizou? Frequentemente ouvimos as mais novas estrelas de Hollywood a nos assegurar que "sempre souberam" que alcançariam o estrelato. Mas a imprensa não visita os restaurantes de Los Angeles para entrevistar os milhares de garçons e garçonetes que também "sempre souberam" que seriam estrelas. (Servir mesas é, claro, um meio absolutamente honrado de se sustentar, mas ser garçom não é o ponto. A questão é que nunca ouvimos a massa numerosa de indivíduos que teve suas expectativas frustradas quanto à carreira cinematográfica, mas apenas a pequena porcentagem de "vencedores".)

Para quantidade limitada de pessoas, esperar obter um emprego ou fazer uma venda, quem sabe, pode ser útil, mas para a maioria — e mesmo para aquele primeiro pequeno grupo — alimentar expectativas é quase sempre nocivo à felicidade. Ter expectativas pode funcionar para uma entre as 250 ou 10 mil pessoas que conseguem alcançar um objetivo, mas é uma rota de grande infelicidade para as 249 ou 9.999 que não logram êxito. É a essas pessoas — e todos nós estamos, vez ou outra, entre elas — que escrevo estas palavras de alerta sobre o assunto.

Embora seja óbvio que ter expectativas aumenta a infelicidade quando elas se revelam frustradas, é menos óbvio o fato de que expectativas *igualmente* aumentam a infelicidade quando elas *são alcançadas*. Para entender por que, primeiro temos que identificar o elemento mais importante da felicidade humana.

EXPECTATIVAS DIMINUEM A GRATIDÃO, A CHAVE PARA A FELICIDADE

Sim, existe um "segredo para a felicidade" — e ele é chamado de gratidão. Todas as pessoas felizes são gratas, e pessoas ingratas *não conseguem* ser felizes. Tendemos a pensar que ser infeliz leva ao hábito de reclamar, porém, é mais verdadeiro afirmar que reclamar é que conduz à infelicidade. Torne-se grato e você se transformará numa pessoa muito mais feliz.

Uma vez que a gratidão é a chave para a felicidade, qualquer coisa prejudicial à gratidão necessariamente diminui a felicidade. E nada mina tanto a gratidão como as expectativas. Existe uma razão inversamente proporcional entre esses dois elementos: *quanto mais expectativas você cultivar, menos gratidão terá.*

Se você obtém o que espera, simplesmente não será grato por ter conseguido. Se você espera acordar saudável amanhã, e assim ocorre, é muito improvável que se sinta grato por isso. Por outro lado, se não espera acordar saudável amanhã, ficará realmente agradecido caso desperte com saúde. A maioria de nós somos gratos pelo que quer que gozemos apenas depois de contemplarmos o risco de perder tal coisa — ou quando a perdemos de fato —, porque então já não mais esperamos tê-la.

A gratidão, o componente mais importante da felicidade, é largamente dependente de recebermos aquilo que não esperamos receber. É por isso que, por exemplo, quando damos aos nossos filhos tantos bens que eles passam a esperá-los em número cada vez maior, na verdade, estamos a privá-los da capacidade de serem felizes, pois experimentarão gratidão em níveis cada vez menores. Isso também explica por que é fundamental ensinar os filhos a dizerem sempre "obrigado" — não apenas por ser algo decente a se fazer, mas porque agradecer verbalmente acaba por incutir gratidão em quem o faz.

Essa é uma das muitas razões pelas quais a religião, quando praticada da maneira correta, contribui tanto para a felicidade: ela normalmente infunde gratidão. Pessoas que agradecem a Deus antes de cada refeição, por exemplo, dia após dia instilam gratidão em si mesmas. Pode uma família laica evocar o sentimento de gratidão a cada refeição? Em teoria, sim. Cada membro pode curvar sua cabeça e agradecer ao fazendeiro que plantou e colheu sua comida, aos caminhoneiros que fizeram o alimento chegar ao supermercado. Contudo, jamais ouvi falar de uma família agindo assim.

Entre cristãos, por exemplo, bênçãos de gratidão comumente são ditas em torno da mesa e em reuniões de amigos. Expressar palavras com tal conteúdo, de forma regular, sem dúvida induz certo nível de gratidão. Para citar outro exemplo de gratidão inculcada na arena religiosa, o judaísmo tem uma prece destinada até à evacuação. Essa bênção, dita ainda hoje por muitos judeus religiosos ao saírem do banheiro, ilustra bem todo o tema envolvendo expectativas e gratidão: "Bem-aventurado és tu, Deus, Rei do universo, que formaste o homem com sabedoria e criaste nele numerosos espaços e orifícios. É conhecido e revelado diante de ti que, se um destes se abrisse quando deveria se fechar ou caso se fechasse quando deveria se abrir, impossível nos seria existir. Bendito és tu, Deus, que curas toda a humanidade e fazes maravilhas".

Muito pouca gente sente imensa gratidão após ir ao banheiro. No entanto, pessoas cujos orifícios se abriam quando deveriam permanecer fechados ou se fechavam quando deveriam permanecer abertos e que, agora, evacuam normalmente fazem-no com um tipo de gratidão que a maioria de nós reserva a acontecimentos mais significativos. Para tais pessoas, e para quem expressa a gratidão recitando a "oração do banheiro", visitas ao vaso sanitário induzem gratidão e, por conseguinte, felicidade.

AFINAL, NÃO DEVEMOS TER NENHUMA EXPECTATIVA?

Até que ponto devemos procurar não ter expectativas? Não devemos nutrir nenhuma expectativa afinal? Não devo esperar acordar saudável amanhã? Porventura não deveria esperar que meu voo aterrisse em segurança? Filhos não deveriam esperar que seus pais os amem?

Cada uma dessas questões será respondida. Porém, primeiro é importante explicar, mais uma vez, que *expectativa* significa partir da premissa *garantida* de que algo ocorrerá ou considerar que algo é praticamente inevitável —por exemplo, o nascer do sol amanhã. Semelhante certeza sobre o futuro só é possível em algumas áreas da vida natural, não da vida humana. Logo, não é minha boa sorte que o sol se levante amanhã, pois a rotação da Terra é governada por princípios imutáveis. Por outro lado, serei afortunado se meus entes queridos e eu acordarmos com saúde amanhã.

Ao mesmo tempo, abandonar expectativas não significa prescindir da lógica. Caso me perguntem se acho, baseando-me nas evidências, que meus entes queridos e eu despertaremos amanhã sem uma doença grave qualquer, a resposta é *sim*; racionalmente, não acredito que as chances de que amanhã eu acorde com câncer sejam de meio a meio. Não obstante, embora eu possa partir da premissa segura de que amanhã haverá a alvorada, já não convém partir da certeza de um amanhã saudável. Em futuro menos ou mais próximo, não acordarei com saúde; entretanto, o sol certamente despontará nesse dia.

Assim sendo, quando embarco num avião, certamente sou capaz de apostar, com base em estatísticas, que chegarei a meu destino em segurança. Nunca embarcaria se pensasse de outra maneira. Mas o pouso a salvo, diferentemente do nascer do sol, não é inevitável. Dessa forma, muito embora aposte na aterrissagem segura, absolutamente não a espero e, portanto, sou grato a cada aterrissagem incólume. Identifico-me com passageiros de certas culturas que aplaudem quando a aeronave pousa a salvo. Eles expressam a gratidão advinda de não tomarem a aterrissagem segura como uma garantia — e tais pessoas são, sem dúvida, mais felizes pela chegada bem-sucedida do que aqueles de nós que não exprimem tal gratidão.

Desse modo, com raras exceções, a resposta à pergunta "afinal, não devemos ter nenhuma expectativa?" é a seguinte: *sobre aquilo que não detemos controle absoluto*, não devemos depositar expectativas. E não detemos controle absoluto sobre a maior parte das coisas importantes da vida: nossa saúde e a de quem amamos; por quanto tempo nós e aqueles que amamos viveremos; ou o êxito em conseguir o emprego que desejamos. Por outro lado, dominamos, de fato, determinados aspectos importantes. Está em nossas mãos empreendermos o máximo esforço; também controlamos a decência com que agimos, pois somos dotados de livre-arbítrio moral; e, gozando de saúde e de certas capacidades, ainda detemos controle sobre a qualidade de nosso trabalho.

No que concerne às expectativas em relação aos outros, a mesma regra se aplica, isto é: podemos alimentar expectativas a seu respeito, mas somente em questões sobre as quais as pessoas detêm total controle. Porém, com uma observação adicional: convém ter menos expectativas dirigidas aos outros do que a nós mesmos — tanto pelo bem deles quanto pelo nosso.

FILHOS

Um exemplo comum de determinada categoria de pessoas sobre quem a maior parte de nós alimenta enormes expectativas são os filhos — as quais são quase sempre danosas a todos, pais e filhos. Devemos ter grandes *esperanças* em relação a nossos filhos; compete-nos lhes fazer certas *exi-*

gências (por exemplo, que não sejam malvados uns com os outros nem com outras crianças, ou que façam seu dever de casa); e nos cabe ajudá-los a estabelecer *metas* para si. Todavia, convém manter nossas expectativas a respeito deles bastante limitadas, tanto pelo seu bem — afinal, são seres humanos autônomos, e não extensões de nós — como pelo nosso bem, pois expectativas sobre os filhos quase sempre levam à decepção gratuita.

CÔNJUGES

Outra classe de indivíduos em quem normalmente depositamos expectativas são os cônjuges, e também convém reduzi-las ao mínimo. É claro, algumas expectativas morais elementares são válidas e, decerto, necessárias. Por exemplo, uma esposa pode esperar que seu marido não a agrida, e um marido pode esperar que sua esposa não fuja com as crianças.

Geralmente, contudo, as regras sobre expectativas se aplicam ao casamento tal como ao restante da vida. Com efeito, elas podem facilmente prejudicar um casamento, porque, quanto mais esperamos de nossos cônjuges, mais somos inclinados a lhes dar menos valor e, além disso, maior é a tendência de não sermos gratos por todas as coisas boas que fazem. Assim, a combinação de, primeiro, tomar o cônjuge como algo dado e imune à ruptura com, segundo, não sentir ou não expressar gratidão a ele é fatal para a maioria dos casamentos.

UMA EXCEÇÃO:
CRIANÇAS DEVEM ESPERAR AMOR

Existe uma grande exceção sobre não ter expectativas. Filhos pequenos têm todo o direito de — com efeito, devem — esperar amor incondicional de seus pais. É direito de nascença de cada filho receber tal amor.

COMO DEVERÍAMOS VER O FUTURO?

Com expectativas largamente reduzidas, como nos cabe ver o futuro? A resposta é: convém ter metas, esperanças e ambições para nós mesmos. Também estamos certos ao requerermos dos outros o cumprimento de parâmetros razoáveis, tais como a fidelidade, da parte de um cônjuge, e o trabalho honesto, por parte de um funcionário. Porém, tudo isso é diferente de expectativa.

Não se deve considerar nem por um momento que a ausência de expectativas significa não ser ambicioso, não aspirar aos mais altos objetivos ou não pensar positivamente. Entretanto, não ter expectativas garante, de fato, duas belas coisas: mínimo sofrimento sobre metas não atingidas e profunda gratidão por aquelas alcançadas. Pouco na vida é capaz de oferecer tanto por um custo tão baixo quanto não ter expectativas.

OBJEÇÕES CONCERNENTES
À REDUÇÃO DAS EXPECTATIVAS

Muitas pessoas repelem a diretriz de nutrir menos expectativas. Argumentam que é melhor tê-las e, então, aprender a lidar com a dor e a decepção experimentadas no momento em que elas não se cumprirem. Voltando ao exemplo de se candidatar a um trabalho, muitos ponderam que uma pessoa deva ser capaz de dizer: "Ainda que eu realmente espere ser contratado, posso lidar com o fracasso de não ser".

Quanto a mim, rejeito esse ponto de vista. É certamente verdade que, se você tiver expectativas, não pode ser feliz a menos que aprenda a lidar com frustrações quando elas não se realizam. Mesmo assim, não há nenhuma razão persuasiva para alimentar expectativas já de início! As desvantagens de cultivá-las — pouca gratidão quando elas são satisfeitas e dor gratuita quando não são — excedem largamente qualquer benefício que ter expectativas possa apresentar.

Uma suposta vantagem das expectativas é que as nutrir aumentaria o otimismo. Defende-se, assim, que não as ter diminui o otimismo, e ele é essencial à felicidade. Entretanto, não criar expectativas diminui o otimismo tão somente se o definirmos como a convicção de que vamos conseguir o que queremos. Esperar obter o que desejamos é imaturidade, não otimismo, e adultos não podem alcançar a felicidade enquanto se atêm a crenças imaturas.

Além do mais, o dicionário traz duas definições de *otimismo*. Uma é mais imatura: "A tendência de esperar o melhor resultado possível". A outra é: "Deter-se aos aspectos mais favoráveis de uma situação". Esta última definição de otimismo é vital para a felicidade[1] e de nenhuma forma entra em conflito com o princípio de diminuir as expectativas. De fato, ao reduzirmos drasticamente as expectativas, também diminuímos significativamente a quantidade de frustração em nossas vidas — e limitar as frustrações leva ao *aumento* do otimismo, uma vez que pouca gente se mantém otimista depois de sofrer sucessivas decepções.

Em suma, em relação a quem nutre expectativas, aqueles de nós que temos minimizado as nossas andam por aí com maior senso de reconhecimento e gratidão — pois muitas coisas maravilhosas, que não esperávamos, aparecem pelo caminho todos os dias — e com muito menos amargura, porque poucas, se de fato houver quaisquer expectativas, serão frustradas.

COMO COMEÇAR A REDUZIR EXPECTATIVAS?

Primeiramente, não tema que não alimentar expectativas fará com que você seja menos otimista ou menos bem-sucedido. Em segundo lugar, reconheça o papel nocivo que as expectativas normalmente desempenham em seu cotidiano. Como terceiro passo, faça um inventário da sua vida

---

1. Ver o capítulo 23: *Encontre o aspecto positivo.*

e comece a expressar gratidão por tudo que é bom nela. Para todas bênçãos percebidas, e à medida que exprimir gratidão relativa a cada uma, de modo regular, você acabará, implícita e gradualmente, por se livrar da expectativa vinculada a elas.

CAPÍTULO 14

FAMÍLIA

POUCAS COISAS NA VIDA podem trazer tanta felicidade quanto a nossa família. O amor dos pais por um filho talvez seja a força benéfica mais poderosa na vida humana, e o amor entre um marido e uma mulher é único na intimidade e na profundidade do seu elo. A família, não sem razão, tem sido o bloco construtor de todas as civilizações mais elevadas. Quando boa, é também nosso refúgio num mundo hostil.

As palavras determinantes, entretanto, são *quando boa*, porque a família não é sempre boa. Caso não o seja, pode apresentar a seus membros sérios obstáculos à felicidade.

A família é um exemplo clássico da regra de que qualquer coisa que traz enorme felicidade pode, também, causar infelicidade ainda maior. Assim, a família, que pode propiciar tanto amor, tanta segurança e felicidade a seus integrantes, é igualmente um ambiente em que se pode forjar um verdadeiro inferno para seus membros. Entre outros, citam-se exemplos de quando filhos são abusados física, sexual ou psicologicamente pelos pais ou por outros parentes, são criados por uma pessoa alcoólatra ou são abandonados por qualquer um dos genitores. As circunstâncias de sofrimento intrafamiliar são praticamente infinitas.

Contudo, assim como a democracia é a pior forma de governo à exceção de todas as outras, a família é a pior forma de criar filhos ou de unir um homem e uma mulher à exceção de todas as outras. Não é fácil acertar. Como poderia ser? Dada a complexidade de cada membro da família, além do aumento exponencial da complexidade com a adição de cada novo integrante, somadas às rivalidades entre irmãos, às tensões entre os pais, às decepções, às ambivalências e à má comunicação entre pais e filhos, bem como às dificuldades da vida de cada membro, o admirável não é que muitas famílias funcionem mal; admirável é que tantas famílias funcionem bem!

O fato de uma família abusiva consistir em obstáculo à felicidade é tão evidente que não vou me ater a tal circunstância. Realidade menos evidente — e que, portanto, merece ser discutida — são as maneiras pelas quais pais e filhos constituem entraves à felicidade mesmo em famílias não abusivas.

PAIS

Até pais inteiramente amorosos são, com frequência, obstáculos à felicidade. Novamente, como poderiam não ser?

É mais fácil executar uma cirurgia do que criar um filho feliz, saudável e bom — e cirurgiões recebem anos de treinamento especializado, enquanto a maioria de nós tem de criar seres humanos, desde bebês até a idade adulta, com nada mais para nos guiar que nossos pais, comumente modelos bastante deficientes.

Pais são seres humanos falhos, mas que receberam uma função que mais se aproxima do papel de Deus do que das tarefas reservadas a meros mortais. Nenhum tirano totalitário exerce tanto controle sobre seus súditos quanto até o mais gentil dos genitores detém sobre seus filhos jovens.

Para uma criança, os pais são deuses. Eles constituem a fonte de tudo aquilo de que ela precisa, isto é, de nutrição e conforto nos âmbitos tanto físico quanto emocional. Se a mãe de uma criança está de mau humor, esta pode se sentir potencialmente traumatizada; se o pai enfrenta problemas no trabalho, a criança é capaz de sentir o peso do mundo em seus pequenos ombros.

O poder dos pais sobre os filhos é quase injusto. E nós, seus filhos, vivemos para sempre com as consequências desse poder, quer seja usado de forma apropriada, quer não. É possível padecer certas dores por toda a vida em decorrência de situações variadas: se nossa mãe foi muito controladora, ou nosso pai, muito ausente; se brigavam em demasia ou não se comunicavam o bastante; se qualquer um deles não nos tenha mostrado amor ou compreensão suficientes; se porventura não nos respeitaram ou não passaram tempo conosco em quantidade satisfatória; ainda, se quiseram que compensássemos sua própria infelicidade.

Como nossos primeiros amores, os pais nos ajudam a tornar possível a felicidade. Pelas razões listadas, entretanto, eles igualmente constituem, para muitos, obstáculos genuínos à felicidade.

Como não os podemos trocar numa loja de pais — e, mesmo se pudéssemos, seria numa idade em que grande parcela do possível prejuízo já teria sido causada —, não há uma maneira por meio da qual filhos jovens consigam evitar a infelicidade trazida por seus pais. Eis por que outros adultos podem e devem ajudar essas pequenas criaturas, pois elas reagem até ao mais tênue sinal de amor, tal como plantas respondem ao mais sutil raio de sol. Cabe-nos, portanto, amar todas as crianças que adentram nossas vidas, ainda que por breves períodos. Adultos que não têm filhos, avós, tios, primos mais velhos, amigos da família, professores, sacerdotes; quase qualquer adulto não ocupado o dia inteiro com sua prole pode desempenhar um papel crítico na vida de um grande número de crianças que não recebem, de seus pais, a quantidade e o tipo de amor necessários.

A influência dos pais em nossas vidas é tamanha que, mesmo quando alcançamos a idade adulta, as feridas da infância podem perdurar como obstáculos à felicidade — e se mostrarem como entraves persistentes. Por exemplo, muitos adultos que, quando crianças, não receberam amor suficiente dos pais continuam a almejar esse amor, ainda que o pai ou a mãe não estejam inclinados a provê-lo ou não sejam capazes de tal coisa. Porém, chega um momento no qual a maioria desses adultos precisa encarar a triste realidade de que pais que nunca foram amorosos *não vão mudar*. Não obstante, muitos filhos adultos não reconhecem essa realidade e permanecem esperando que, um dia, obterão o amor que lhes faltou na fase infantojuvenil. Somente quando conseguirem aceitar sua incapacidade de mudar seus pais — e, quem sabe assim, até passar a usufruir da pouca intimidade que esse pai ou essa mãe é capaz de oferecer — é que começarão a se permitir experimentar a felicidade. Lamentavelmente, incontáveis vezes isso acontece apenas depois de anos e anos perdidos em meio à frustração.

Não ter recebido o devido amor de um dos pais constitui verdadeira lacuna na existência de um filho. Trata-se, para usar o termo adotado no capítulo 9, de uma telha faltante. Contudo, como sugiro naquele capítulo, quando falta uma peça, deve-se achá-la ou, então, buscá-la em outro lugar. Se você não pode mudar seu pai ou sua mãe — e geralmente não pode —, procure amor em outra parte. Conquanto nada substitua de modo preciso o amor escasso de um deles, a vida oferece a muitos de nós a chance de preencher as lacunas emocionais da infância.

Assim, você pode compensar largamente a afeição minguada de um genitor amando seu filho. Sermos pais amorosos concede a nós uma segunda chance de ter um lar cheio de amor. Podemos, também, desfrutar do afeto de nosso cônjuge, dos amigos ou de outros parentes. Precisamos do amor parental, mas ele não é o único tipo à nossa disposição, tampouco o único que pode preencher nosso coração.

FILHOS

Nada na minha vida me trouxe maior alegria que meus filhos: criá-los, aprender com eles, amá-los e ser amado por eles. Ao mesmo tempo, negaríamos a realidade se não admitíssemos que filhos são, frequentemente, um obstáculo à felicidade.

Alguém deveria fazer um estudo comparando a felicidade dos casais que têm filhos à dos que não os têm. Nenhum resultado me surpreenderia.

Por um lado, eu não ficaria admirado ao saber que casamentos que geram crianças são mais felizes. Tê-las permite, entre outras coisas, que muitos aceitem um matrimônio menos feliz, pois elas podem ser uma espécie de compensação, por assim dizer, diante de uma relação aquém do desejado entre os pais — desde que o enlace seja saudável e haja desejo de mantê-lo, apesar das intempéries. Filhos podem fornecer a eles determinado foco para suas paixões que não é proporcionado unicamente pela união a dois. Para casais felizes, é claro, filhos podem oferecer uma felicidade ímpar, que advém de criá-los e amá-los.

Por outro lado, eu também não ficaria perplexo se os estudos concluíssem que, em regra, os filhos constituem mais um obstáculo à felicidade conjugal do que representam uma fonte dela. Para a maioria dos casais, a chegada de uma criança é o primeiro grande desafio à felicidade conjugal.

Filhos são como uma artimanha que Deus ou a natureza aplica nos casais: aquilo que é produzido por meio da paixão logo acaba por quase matá-la. O número de casais que têm relações sexuais — ou fazem viagens, ou têm conversas sem interrupção — com frequência similar àquela anterior ao nascimento das crianças é zero. Aqueles que se casam para ter um parceiro íntimo por toda a vida — a melhor razão para se unir a alguém — veem-se no desafio de suas vidas quando um bebê entra em cena. Se os pais forem responsáveis, eles passarão quantidades significativas de tempo com seu filho, tempo esse que, em outro contexto, poderia ser dedicado aos dois. Em muitos casos, também, um dos pais se sente numa competição com a prole pelo amor e pela atenção do cônjuge.

Além disso, esses obstáculos são criados nas *melhores* das circunstâncias: quando o filho é saudável, tem bom temperamento e amigos de boa índole, vai bem na escola e é essencialmente feliz. E se porventura o filho for predominantemente perturbado ou maldoso, cronicamente infeliz ou seriamente doente? E se andar com más companhias ou for mal na escola? Então, o desafio imposto aos pais é muito maior. Um bom casamento pode resistir a tais empecilhos, é claro, mas eles *são* empecilhos reais.

Muitos anos atrás, um amigo querido — e solteiro — asseverou que uma das melhores coisas que um casal conflituoso pode fazer por seu matrimônio é ter um filho. Com efeito, ralhei com ele. Eu precisava argumentar com a máxima veemência possível a fim de evitar que, um dia, quando meu amigo se casasse, ele continuasse acreditando em tamanho disparate. Ter um filho provavelmente faz um casamento em apuros piorar — e ser abrigado num lar conturbado certamente não é nenhum favor prestado à criança.

Nada do que digo constitui argumento contra ter filhos. Apenas defendo ser forçoso compreender que filhos, embora muitas vezes sejam grande fonte de felicidade, são também um entrave a ela. Desafios e obstáculos à felicidade não devem ser necessariamente evitados, mas entendidos e enfrentados como tal.

IRMÃOS

Dificuldades familiares relacionadas à felicidade não se restringem a pais e filhos. O primeiro vislumbre que a maioria de nós tem dos obstáculos que enfrentamos na vida vem dos irmãos.

Essa realidade deve ter sido percebida bastante cedo na história da humanidade. O livro de Gênesis é enfático a respeito do sofrimento intrafamiliar, especialmente sobre a rivalidade e, até mesmo, o ódio fraternais. Logo nas primeiras páginas da Bíblia, é relatado que o primeiro irmão na história foi morto pelo próprio irmão: Caim mata Abel.[1] Esaú e Jacó são paradigmas de ódio mútuo, e eles não apenas são irmãos, mas *gêmeos*.[2] E, é claro, o tratamento doentio dispensado a José por parte de seus irmãos está entre as histórias mais famosas do mundo ocidental.[3]

O dia em que outra criança chega em casa pode ser um dos dias mais felizes da vida dos pais, todavia, para os irmãos do bebê, é quase sempre um dos mais infelizes. Que irmãos possam ser ou se tornar melhores amigos é, certamente, verdadeiro, mas está longe de ser um dado garantido ou até mesmo comum. Nós nos enganamos dizendo, a respeito de amigos íntimos: "são tão próximos quanto irmãos", porque poucos irmãos são tão próximos como amigos íntimos. Seria muito mais acurado dizer sobre irmãos: "eles são tão próximos como amigos".

Pais devem fazer tudo o que puderem para fomentar afeto em meio a seus filhos. Muito poucos o fazem. A maior parte deles está tão preocupada com as relações entre pais e filhos que dedica pouca atenção ao relacionamento dos filhos uns com os outros. Não é suficiente que os pais apartem brigas entre os membros da prole; eles devem, tam-

---

1. Cf. Gn 4:8. [N.E.]

2. Cf. Gn 27:41. [N.E.]

3. Cf. Gn 37. [N.E.]

bém, fazer cessar provocações e outros comportamentos mesquinhos entre irmãos.

Se seus filhos são maldosos com outras crianças, os pais normalmente os repreendem, porém, quando agem da mesma maneira entre irmãos, frequentemente os pais relevam tal comportamento. Dificilmente é esse um meio de fomentar o amor entre irmãos, e, como consequência, muitas pessoas carregam para a idade adulta as cicatrizes do mau tratamento que irmãos lhes infligiram.

RESUMO

Quão importante obstáculo à felicidade a família é afinal? Podemos responder a essa questão imaginando como seria diferente o mundo se todos fossem criados, desde o nascimento, por um pai e uma mãe, biológicos ou adotivos, munidos das seguintes características: felizes, saudáveis, amorosos, atenciosos e éticos. Haveria necessidade muito menor de policiais, muito menos guerras travadas — e muito menos livros escritos sobre felicidade.

Enfrentamos embates no âmago da sociedade, sem dúvida. Entretanto, o campo de batalha supremo visando a um mundo melhor, pelo menos numa sociedade livre, é no cerne da família.

CAPÍTULO 15

HÁ DEMASIADA DOR NO MUNDO

QUANDO AS PESSOAS PENSAM sobre o desafio de serem felizes em face do sofrimento, normalmente refletem a respeito de sua própria vida, avaliando de que maneira podem ser felizes apesar das próprias mazelas. No entanto, para muitos de nós, há outro problema relacionado ao assunto: o sofrimento dos demais. Mesmo que nossa vida seja relativamente livre de tribulações, o padecimento dos outros, incluindo estranhos, constitui sério entrave à felicidade.

Como muita gente, tive que superar graves problemas e angústias na minha vida. Porém, sempre soube que qualquer dor que eu sofresse seria minúscula em comparação com aquela de inúmeros outros, tanto de quem conheço pessoalmente quanto, é claro, de quem nunca conheci. O tormento deles tem sido um dos maiores empecilhos à minha felicidade.

Não sou o único a sentir-me assim. A aflição geral do

ser humano prejudica a felicidade de qualquer pessoa sensível e decente. A ubiquidade do sofrimento humano, particularmente o que é infligido de modo deliberado a inocentes — em contraste com aquele decorrente de causas naturais —, tem tolhido indubitavelmente a felicidade de muitos.[1] De fato, não raro me questiono se sou merecedor de tamanha felicidade, dada a quantidade de infortúnio e dor no mundo.

Assim sendo, sou bastante cônscio do estorvo que o sofrimento humano representa para a felicidade. Finalmente, entretanto, eu escolhi — pois é uma escolha — não permitir que a tribulação humana me impeça de ser tão feliz quanto eu puder. Eis meus métodos.

Primeiramente, em vez de consentir que o mal do mundo me prive da felicidade — o que apenas daria outra vitória ao mal —, decidi lutar contra ele, empregando o máximo das minhas capacidades. Sinto como se isso me concedesse "permissão" para ser feliz. Se eu fizer diferença na vida de alguém, favorecendo que experimente um pouco de felicidade, seja ao lhe trazer algum conforto, seja ao instigar que lute contra quem o machuca, sinto-me liberado para ser feliz.

Em segundo lugar, a felicidade é importante para se pra-

---

1. Apenas o sofrimento *injusto* nos apresenta problemas de natureza emocional, intelectual e moral. O sofrimento *justo* de quem comete o mal não suscita tais inquietações.

ticar o bem. Pessoas infelizes usualmente são menos capazes de fazer o bem do que as pessoas felizes. De um lado, normalmente aquelas estão muito preocupadas consigo mesmas e com sua desdita para realizar algo de bom pelos demais. De outro, até quando o querem, sua infelicidade facilmente nubla seu discernimento. Por último, quando pessoas infelizes tentam ajudar outras, fundando ou juntando-se a movimentos sociais, com frequência produzem mais mal do que bem.

Existem boas razões para temer movimentos levados a cabo por indivíduos infelizes que querem trazer à tona alguma mudança social. Os movimentos de esquerda e de direita que destruíram dezenas de milhões de vidas não foram constituídos por pessoas felizes. Pelo contrário, compuseram-se de seres infelizes, que culpavam os outros por sua infelicidade — nazistas acusavam os judeus; comunistas apontavam os capitalistas. Além disso, esses personagens procuravam movimentos de transformação radical da sociedade como fonte de realização e sentido. Ao passo que há momentos em que a ordem vigente é tão opressora que a felicidade individual é essencialmente impossível — o melhor exemplo é viver num sistema totalitário —, em sociedades relativamente livres, as fontes da infelicidade de alguém são, muito provavelmente, de cunho mais pessoal que social.

O terceiro ponto é o seguinte: em vez de permitir que a enormidade da dor mundial me deixasse infeliz, eu a utilizei para aumentar a profundidade da gratidão que sinto pela vida abençoada que posso levar. Pode-se contemplar a quantidade de sofrimento existente e se tornar: 1) amargo: "Este mundo não presta!"; 2) cético: "Nada importa; é tudo um jogo de roleta"; ou 3) hedonista: "Ante tanta angústia, vou é me divertir quanto puder!" — ou, então, pode-se ser grato pelas bênçãos de que usufrui.

Como quarto aspecto, a ubiquidade do sofrimento injusto me fez identificar, muito tempo atrás, a necessidade emocional e intelectual de uma perspectiva religiosa sobre a vida. A mim me parece ser muito difícil a alguém realmente laico ser feliz, na hipótese de que seja inteiramente consciente e sensível ao mal e à dor. O ponto de vista secular sobre o mundo defende a ideia de que esta vida injusta, e muitas vezes cruel, é a única realidade — isto é, a de que não há nada além desta existência — e, ainda, que uma pessoa é abençoada ou desafortunada por mera questão de sorte. Em suma, se determinado alguém é submetido à tortura ou é bem-aventurado não significa nada para um universo desinteressado. Acreditar numa concepção assim, enquanto nos importamos profundamente com aqueles que são amaldiçoados com um destino terrível, parece tornar a felicidade impossível.

Uma pessoa religiosa que sente compaixão genuína pelos outros não tem, necessariamente, uma explicação para o sofrimento injusto de determinado indivíduo. Em vez disso, ela acredita que um Deus justo e misericordioso governa o cosmo e, portanto, existe sentido em todo esse aparente caos.

Este livro não é o lugar para discutir a existência de Deus ou a validade da religião. Meu único argumento é que a fé em Deus e a religião proporcionam base intelectual para enxergar a realidade como algo além de um cosmos apático ao choro das crianças — dessa forma, propiciando meios importantes para buscar a felicidade num mundo cheio de dor.

CAPÍTULO 16

EM BUSCA DO AMOR INCONDICIONAL

EM 1995, A Associação Americana de Hospitais de Animais realizou uma pesquisa com donos de animais de estimação. O levantamento apurou, entre outras coisas, que, para 57% deles, caso estivessem isolados numa ilha, seu animal de estimação seria a companhia predileta, e não a de uma pessoa.

Isso não é surpreendente. Número crescente de indivíduos considera as relações com um *animal de companhia* — muitos apreciadores de animais rejeitam o termo *animal de estimação* — como iguais ou mesmo superiores àquelas mantidas com seres humanos. Muitos americanos afirmam amar mais seus animais que quase qualquer pessoa.

Ao longo de vinte anos, perguntei a alunos das últimas séries do ensino secundário, por toda a América do Norte, se eles salvariam primeiro seu cão ou uma pessoa desconhecida caso os dois estivessem se afogando. Em cada uma das ocasiões, exceto em algumas escolas religiosas, o resultado era praticamente igual: cerca de um terço dos estudantes votava em salvar o cão; um terço socorreria o ser humano; e um terço simplesmente era incapaz de decidir. Ao indagar por que os estudantes resgatariam o cachorro, em detrimento do estranho, respondiam eles: "Eu amo meu cão, e não amo o estranho". Mesmo muitos adultos, ao telefonarem para meu programa de rádio, confessaram preferir seu animal de estimação — gato, *hamster*, coelho, pássaro, macaco — às pessoas, porque o animal seria muito mais amoroso e leal a eles que qualquer ser humano.

Estou convencido de que uma das principais razões dessa preferência por animais é que estes dão amor incondicional; as pessoas, não. E o que poderia ser mais desejável do que receber amor *incondicional* — isto é, ser amado sem fazer nada além de existir?

Buscar o amor incondicional é um vestígio da infância. Crianças pequenas precisam, merecem e, por isso, procuram amor incondicional. Mas adultos não deveriam precisar, não merecem e, portanto, não deveriam buscar amor incondicional.

Como adultos, não devemos ter necessidade de amor incondicional, e sim do amor de nossos pares, que não é o mesmo tipo de amor que recebemos — ou deveríamos ter recebido — de nossos pais na infância. Além do mais, na idade adulta, o amor incondicional impede que amadureçamos. Se seremos amados independentemente do modo como agirmos, por que nos comportaríamos de forma a merecer amor?

Nos dias atuais, *merecer amor* representa, para muita gente, um conceito herege. Contudo, reconhecer que, na idade adulta, o amor é em parte merecido é um dos pilares da maturidade. Porventura não *precisei* merecer o amor de minha esposa quando namorávamos? Por que eu deveria ser desobrigado de fazer jus a ele agora que somos casados? Partir do pressuposto de que, não interessa como eu me comporte, minha mulher continuará me amando, é transformar-me em criança e fazer da minha esposa minha "mãe". Sem dúvida, muitos adultos querem ser crianças e, também, que seus cônjuges sejam seus pais, mas isso está longe de ser saudável e, portanto, não é uma receita para a felicidade.

De fato, suspeito que aqueles que receberam amor incondicional na infância não o procurarão na idade adulta — porque eles receberam *o que* demandavam *quando* precisavam. De maneira oposta, aqueles que foram privados do amor que lhes deveria ter sido dado na infância o buscarão por toda a sua vida — ou pelo menos até que trabalhem sobre si mesmos suficientemente, a fim de amadurecerem como adultos.

Adultos tampouco merecem amor incondicional. A ideia de que deveríamos ser amados meramente por existirmos faz do amor algo infantil. Embora façamos jus a um comportamento digno por parte dos demais seres humanos, compete a nós conquistar respeito e amor das pessoas.

Uma vez que, como adultos, não precisamos nem merecemos amor incondicional, não deveríamos buscá-lo. Se nossos pais não nos deram tal amor quando éramos crianças, não começarão a fazê-lo agora. Também não podemos contar com amor incondicional por parte de nossos filhos tão logo alcancem a adolescência. E nossos pares — isto é, amigos e cônjuges — tampouco o oferecem.

Desse modo, buscar amor incondicional implica garantir a infelicidade, nem que seja apenas pelo fato de procurarmos algo que ninguém vai nos dar, exceto cães. *O amor adulto nunca é incondicional.* Por mais que qualquer casal se ame, seu amor não é incondicional. Existem — e convém que existam — condições nas quais o amor do cônjuge pode ser perdido. Por exemplo, nenhuma mulher deveria continuar a amar um marido que lhe bate.

E SOBRE O AMOR DE DEUS?

Como o amor humano por outros seres humanos não é incondicional, com exceção feita a crianças pequenas perante os pais, muitos procuram Deus a fim de obter amor incondicional. Isso tem ajudado profundamente grande número de pessoas a conseguirem viver num mundo de desamor, sobretudo se seus pais terrenos não lhes proporcionaram amor incondicional.

Entretanto, para que fique claro, minha visão religiosa não postula um Deus que dispensa amor incondicional a todas as criaturas. A fonte do meu entendimento acerca de Deus, a Bíblia hebraica — a qual deu origem à ideia de um Deus amoroso —, não assegura que, sejamos o torturador ou sejamos sua vítima, Deus nos ama da mesma forma. Na verdade, revela que o amor de Deus é *condicional* — veja-se, por exemplo, Êxodo 19:5, em que se estabelece que o amor de Deus pelo seu povo é atrelado à manutenção da aliança com ele.[1]

Assim sendo, acredito que, mesmo no que tange a Deus, cabe-nos tentar amadurecer como adultos. O amor de Deus por nós é imenso — e clemente, caso nos arrependamos —, mas não incondicional. Com efeito, eu teria dificuldades em amar um Deus que amasse todos igualmente. Isso faria o amor de Deus insensível a qualquer atitude nossa, e eu não poderia amar um ser assim, incapaz de se comover.

---

1. "Agora, se me obedecerem fielmente e guardarem a minha aliança, vocês serão o meu tesouro pessoal dentre todas as nações." — Ex 19:5 (BÍBLIA Leitura Perfeita. Nova Versão Internacional. Rio de Janeiro: Thomas Nelson Brasil, 2018). [N.E.]

CAPÍTULO 17

VENDO-SE COMO VÍTIMA

O GOSTO PELO VITIMISMO

Há algumas regras claras sobre felicidade. Uma delas é que é impossível ser feliz se sua identidade primordial é a de vítima, ainda que você realmente seja uma. Existem várias razões para tanto.

1. Quem se considera como vítima não se percebe no controle da própria vida. Seja lá o que suceda a essa pessoa, acontece *a* ela, e não *por intermédio* dela.

2. Quem, antes de tudo, julga-se vítima vê o mundo como um lugar injusto, particularmente consigo mesmo. Assim como é uma alma sofredora aquele jovem estudante que costuma dizer que "pegam no seu pé", também é infeliz a pessoa que carrega tal atitude para a vida adulta.

3. Quem se percebe primeiramente como vítima é al-

guém zangado, e uma disposição rancorosa torna a felicidade impossível.

4. Quem escolheu abraçar a identidade de vítima não se permite aproveitar a vida, porque a desfrutar colocaria em xeque a percepção vitimista a respeito de si mesmo.

Nada disso tem por objetivo negar que há vítimas de verdade. Se você se tornou paraplégico por causa de um motorista bêbado, certamente você é uma vítima. A questão em foco não é se existem vítimas reais, mas a relação entre vitimismo e felicidade.

Muitos anos atrás, meu sobrinho Joshua Prager viajava num micro-ônibus que foi atingido por um caminhão desgovernado. Inicialmente dado como tetraplégico, ele conseguiu se recuperar quase milagrosamente, a ponto de conservar somente uma paralisia parcial; ele é hoje repórter do *Wall Street Journal*. Embora tenha se mantido inteiramente realista sobre a tremenda reviravolta do destino que se abateu sobre si e abortou práticas como jogar bola e tocar trompete, para não mencionar a capacidade de andar normalmente, ele não apresenta sequer um vestígio de pensamento vitimista. Isso lhe permitiu tornar-se uma das pessoas mais dinâmicas e gratas pela vida que conheço.

Na atualidade, entretanto, o problema de considerar-se acima de tudo como vítima, ironicamente, não é tão presente em meio às vítimas genuínas, tais como meu sobrinho, como o é entre indivíduos que *decidiram* ver-se dessa maneira. Vítimas dessa última categoria podem ser divididas em cinco tipos: vítimas da infância; vítimas integrantes de determinado grupo; vítimas do que quer que as faça diferentes; vítimas de suposto desdém; e vítimas das devidas consequências. Examinemos cada um deles.

VÍTIMAS DA INFÂNCIA

O primeiro grupo se constitui de indivíduos que andam por aí sentindo-se vítimas de seus pais. Na nossa era psicológica, é muito tentador ver toda infelicidade como decorrente de fatores psicopatológicos — e esses são comumente associados à forma como o indivíduo foi criado.

Do mesmo modo como pessoas como meu sobrinho foram feridas por motoristas desgovernados, há aquelas que foram feridas por pais desgovernados. Elas merecem nossa compaixão e precisam de ajuda, inclusive de psicoterapia — mas não somente disso. Contudo, por mais que a pecha de vítima se aplique a quem foi prejudicado pelos pais, carregar por aí a identidade de vítima mina completamente a capacidade de ser feliz.

Ademais, quase todos fomos, em alguma medida, transtornados por nossos pais. No que concerne à criação recebida, praticamente todos temos motivos para nos considerarmos vítimas. É tão comum herdar problemas dos pais que o psiquiatra Dr. Stephen Marmer, da Universidade da Califórnia em Los Angeles (UCLA), defende que, se porventura passarmos aos filhos apenas metade das neuroses legadas por nossos próprios genitores, seremos pais exemplares!

Novamente, portanto, afirmo que cabe a nós decidir por quanto tempo ainda escolheremos nos ver como vítimas de nossos pais. Somente no dia em que começamos a abandonar essa identidade é que se torna possível alcançar alguma felicidade.

VÍTIMAS INTEGRANTES DE DETERMINADO GRUPO

A segunda categoria de vitimismo consiste em indivíduos que se identificam como vítimas não necessariamente porque foram pessoalmente vitimados, mas porque são membros de um grupo que passou por isso. Uma vez que foram vitimadas quase todas as minorias — incluindo-se as mulheres como um todo —, a um partícipe de qualquer desses grupos pode parecer fácil e tentador assumir a identidade de vítima. Além do mais, o *Zeitgeist* vigente — ou *espírito da época* — enaltece a ideia de ver coletividades inteiras como vítimas. Quando a sociedade reitera que cabe a você se ver como vítima, é preciso ser particularmente forte para não sucumbir.

Sendo assim, muitos indivíduos resolveram imputar sua infelicidade pessoal ao fato de pertencerem a determinado grupo. Evidentemente, há situações em que ser membro de certo grupo faz da pessoa, automaticamente, uma vítima. Por certo conferia a alguém o *status* de vítima real ser um judeu na Europa ocupada pelo nazismo, um escravo negro no Novo Mundo, um armênio durante a Primeira

Guerra Mundial, um homossexual em diferentes épocas e diversos países ou um cambojano na era de Pol Pot — para citar apenas alguns dos inúmeros exemplos de terrível sofrimento coletivo. Não obstante, hoje algumas pessoas continuam a se ver como vítimas por causa do sofrimento *histórico* de seu grupo e, também, porque é fácil e reconfortante agir assim.

Tal atitude torna a felicidade praticamente impossível. Primeiro, como vimos, perceber-se como vítima faz da pessoa infeliz. Em segundo lugar, converte-a em alguém permanentemente enfezado ou furioso, o que mantém a infelicidade de forma ainda mais tenaz. Por último, também a induz a não confrontar seja lá o que for que efetivamente lhe cause infortúnio.

VÍTIMAS DO QUE QUER QUE AS FAÇA DIFERENTES

O terceiro tipo de pensamento vitimista é imputar o motivo da infelicidade a qualquer coisa que o faça diferente. Alguns homens baixos culpam a estatura por grande parcela de sua infelicidade. Há aqueles que a atribuem ao fato de serem adotados. Já encontrei até mesmo quem responsabilize sua circuncisão. Exemplos são praticamente infindos.

A probabilidade esmagadora é que essas pessoas de pouca altura, adotadas ou circuncidadas seriam todas tão infelizes quanto são se por acaso não apresentassem tais características. Isso é facilmente comprovado. Pessoas infelizes de altura convencional existem em número equivalente à quantidade delas entre as de baixa estatura. Filhos de pais biológicos são tão infelizes quanto os de pais adotivos — aliás, o mais abrangente estudo americano comparando adolescentes adotados no nascimento com aqueles vivendo na companhia de seus pais biológicos concluiu que os adotados eram *mais* bem-ajustados.[1] Há, ainda, homens infelizes que não foram circuncidados tanto quanto em meio aos circuncidados — homens judeus, tendo sido

---

1. O estudo, conforme reportagem do *New York Times* em 23 de junho de 1994, foi realizado pelo Instituto Pesquisa, uma organização sem fins lucrativos baseada em Mineápolis, no estado de Minnesota, que conduz investigações sobre crianças e adolescentes. Foi financiado, em parte, pelo Instituto Nacional da Saúde Mental, localizado em Bethesda [cidade nas imediações da capital norte-americana, Washington, DC]. Os resultados encontrados foram os seguintes:

"No novo estudo, os adolescentes adotados demonstram propensão ligeiramente menor que os da amostragem nacional de praticarem comportamentos de risco, tais como consumo excessivo de álcool e furto. [...] Os adolescentes adotados também se qualificaram melhor em 16 indicadores de bem-estar, incluindo amizades e conquistas acadêmicas. [...] Em relação a seus irmãos não adotados, número pouco maior de adolescentes adotados, garotas e rapazes, disseram ter boa noção de quem são e para onde vão [...]. Dos adolescentes adotados, 55% registraram pontuações altas em medições de autoestima, comparados aos 45% obtidos entre adolescentes em geral, no estudo anterior e mais amplo do instituto, que pesquisou adolescentes em todo o país". Tais dados não se aplicam a filhos adotados depois de completarem a idade de quinze meses.

quase todos submetidos à circuncisão, não são um grupo particularmente infeliz.

Portanto, quando quem integra essas minorias começa a culpar tal situação pela própria infelicidade, condena-se a uma infelicidade ainda maior. Uma das razões é porque essa pessoa cria um problema onde não há; a outra é que passa a procurar a origem da infelicidade no lugar errado. Pessoas assim acabam usando o que quer que as faça diferentes como um escudo, a fim de evitar que se concentrem naquilo que realmente as aflige.

VÍTIMAS DE SUPOSTO DESDÉM

O quarto grupo consiste em vítimas daquilo que foi percebido, por elas, como menosprezo ou ofensa.

Certa vez, num jantar, ouvi de um dos convidados, um homem de cinquenta anos que vou chamar de Bob, que ele tinha um irmão gêmeo. Perguntei como se davam.

— Éramos muito próximos até o ano passado — ele respondeu.

— Que houve? — indaguei, deveras impressionado pela situação de dois irmãos serem próximos por 49 anos e, de repente, terem se separado.

A sua esposa explicou:

— Fiz uma festa de aniversário de cinquenta anos para o Bob no ano passado, mas não fiz a festa para ambos os irmãos... embora, é claro, eu tenha convidado o irmão de Bob e ainda colocado o nome dele no bolo.

À medida que a história continuou, eu soube que o irmão de Bob não conseguia superar o insulto percebido no gesto de a esposa de Bob oferecer uma festa ao marido, e não aos dois. O irmão se sentiu dessa forma, Bob e sua esposa me asseguraram, independentemente do fato de que Bob e ele viviam, trabalhavam e se socializavam em mundos diferentes e não tinham nenhum amigo em comum.

Ouvi estupefato, de tão trivial parecia ser a suposta ofensa diante da reação. Era evidente que o irmão gêmeo não fora insultado pelo irmão ou pela cunhada. Afinal, é bem compreensível que homens adultos tenham suas próprias festas de aniversário. Em vez disso, ele decidiu *se sentir ofendido*. Ele *escolheu* se considerar vítima de um pretenso desdém.

Outro exemplo me foi dado por uma funcionária de uma papelaria. Disse-me ela que, quando verifica se as cédulas de valor maior são falsas ou verdadeiras, alguns clientes se sentem altamente ofendidos — como se testar as notas de cinquenta dólares de algum modo impugnasse sua honestidade.

Saber a diferença entre o insulto real e aquilo que foi apenas interpretado dessa maneira pode até não ser sempre fácil, mas é possível e deve ser feito. A razão pela qual costumamos nos equivocar ao julgarmos como desdém um ato sem esse teor é que, com frequência demasiada, *escolhemos* ser hipersensíveis — muito embora somente a nosso respeito. (É análogo a quando erramos em questões de dinheiro: quase sempre é a nosso favor.)

Fazemos aquela escolha motivados por insegurança, por causa de nossa raiva contra a outra pessoa ou porque queremos desempenhar o papel de vítima. Seja qual for a motivação, pouca coisa é mais daninha à felicidade do que tomar como ofensa algo que, na verdade, não é.

Se porventura você se sente insultado com regularidade, tente encontrar um observador externo justo para ajudá-lo a determinar se suas percepções estão acuradas. Caso estejam, substitua tais pessoas por quem não vai insultar você — ou, se precisa mantê-las em sua vida, conteste! Ninguém tem obrigação de aceitar ser depreciado. Por outro lado, se suas impressões não estiverem acuradas, livre-se delas! — e procure descobrir por que você tem predileção por ver desdém onde não há.

VÍTIMAS DAS DEVIDAS CONSEQUÊNCIAS

O quinto grupo de vítimas é composto por pessoas que se prejudicaram em virtude do próprio comportamento e, em seguida, passaram a culpar os demais por consequências, na verdade, justificadas. Entre outros exemplos, podemos citar:

— trabalhadores que são demitidos por manterem atitudes irresponsáveis e, então, acusam como injusto quem os demitiu;

— estudantes que vão mal nas provas e, em sequência, responsabilizam seus professores pelas notas baixas;

— mulheres que repetidamente se apaixonam por homens horripilantes, ignoram os bons sujeitos que se atraem por elas e, depois, condenam os homens em geral pelos males encontrados.

Essas pessoas são vítimas de seu próprio comportamento, e a felicidade lhes escapará até que venham a perceber tal realidade.

POR QUE O PENSAMENTO VITIMISTA GOZA DE TAMANHO APELO?

Tendo em vista quão nocivo à felicidade o pensamento vitimista é, imagina-se que todos os esforços seriam empreendidos a fim de evitá-lo. Ledo engano. Mais propriamente, esse é outro exemplo de como somos, normalmente, os maiores obstáculos à nossa própria felicidade.

Por que as pessoas escolhem o *status* de vítima?

É MAIS FÁCIL CULPAR OS OUTROS QUE CONFRONTAR A VIDA E A SI MESMO

Quando somos infelizes, enfrentamos uma grande escolha. Porventura reconhecemos que a vida é inerentemente complexa e cheia de barreiras à felicidade? Ou, em vez disso, culpamos os outros por nossa infelicidade? Obviamente, em algumas circunstâncias aterradoras — perder uma pessoa amada por causa de um motorista bêbado, por exemplo —, é bastante válido acusar os demais pela nossa infelicidade. Todavia, quando a maioria das pessoas infelizes responsabiliza os outros, simplesmente o faz porque isso é mais fácil do que admitir a complexidade da vida e do que buscar, dentro de si, as fontes de infelicidade.

Aliás, mesmo quando outros efetivamente desempenham o papel de agentes da desdita em nossa vida, ainda mantemos alguma margem de controle sobre a felicidade. Pouco importa o quanto forças externas possam dominar nossa vida, há uma coisa que podemos quase sempre controlar: como reagimos a elas.

Um livro que me influenciou profundamente foi *Em busca de sentido*,[2] composto por memórias e observações do psicanalista Viktor Frankl, que sobreviveu a um campo de concentração nazista. Um dos seus *insights* mais perspicazes foi que, embora os nazistas controlassem tudo relativo à vida dos prisioneiros — inclusive se iriam viver, passar fome, ser torturados ou morrer —, havia algo que os nazistas não podiam dominar: o modo como o cativo reagiria a tudo isso.

Essa é a principal razão pela qual encontrei pouca correlação entre as circunstâncias da vida das pessoas e seu nível de felicidade. Se fatores externos determinassem a

2. FRANKL, Viktor. *Em busca de sentido*: um psicólogo no campo de concentração. 25. ed. rev. São Leopoldo: Sinodal; Petrópolis: Vozes, 2008. (Tradução de *Man's search for meaning*.) [N.E.]

felicidade das pessoas, esse seria um tema simples, ao invés de complicado. Saberíamos se as pessoas são felizes puramente ao conhecermos as circunstâncias que enfrentam, e jamais nos caberia trabalhar pela felicidade, porque nunca ganharíamos controle sobre ela. Na verdade, seríamos capazes de prever a felicidade de acordo com duas singelas equações: Boas Circunstâncias = Pessoas Felizes; Más Circunstâncias = Pessoas Infelizes.

O fato de que tais equações não existem deveria convencer qualquer pessoa de que culpar os demais ou os fatores externos por nossa infelicidade é, geralmente, um erro. Por certo, os outros podem contribuir para nossa felicidade ou infelicidade; contudo, somos nós que determinamos, de modo cabal, em que medida permitiremos que influenciem nossa vida.

VÍTIMAS OBTÊM COMPAIXÃO

Definir-se como vítima é confortável por outra razão: vítimas obtêm ou julgam que vão obter compaixão. Considerar-se como vítima, portanto, é uma tentação fervorosa. Afinal, ganhamos a chance de culpar os outros por nossa infelicidade e ainda recebemos compaixão das pessoas. Que grande negócio!

É MAIS FÁCIL NÃO ASSUMIR
O CONTROLE DA PRÓPRIA VIDA

Outro aspecto que torna a vitimização tão atraente é que a

abandonar significa passar a ser responsável por construir a própria felicidade. Isso é aterrador! Caso esteja acostumado a ser o chefe de seu navio, será fortalecedor. Se não, será algo atroz — e, como tal, deve ser repelido. Responsabilidade pessoal não é uma incumbência fácil, e a postura de vítima torna o esforço desnecessário.

A AUTOPIEDADE É VICIANTE

Acertaríamos ao reputarmos a autopiedade, que é um produto inevitável do pensamento vitimista, como uma substância viciante. É importante lembrar que especialistas em drogas sustentam que elas são usadas, acima de tudo e antes de mais nada, para remediar a dor. A autopiedade serve a um objetivo similar e, assim, tal como ocorre com os narcóticos, torna-se gradativamente mais e mais difícil deixar de contar com ela.

Além disso, à semelhança da dependência química, a dependência da autopiedade cria alguém destrutivo — para si e para os outros. Autodestrutivo porque é fácil chafurdar na autopiedade e permitir que ela paralise sua ação; destrutivo para os outros porque, quanto mais alguém se considera vítima, mais rancoroso será, logo, mais provável se torna que desconte naqueles ao redor.

É PENOSO AMADURECER

O motivo supremo pelo qual alguém adota a mentalidade de vítima é a imaturidade. Isso porque é preciso ter maturidade para se furtar de escolhas tentadoras, mas destruti-vas; para querer estar no controle da sua vida, ao invés de ser controlado; e para não se deixar enlamear na autopiedade, sobretudo nos momentos de crise.

O problema do nosso tempo é que a maturidade não ocupa uma posição de destaque nas metas que indicamos à próxima geração. Damos ênfase à felicidade, ao sucesso e à inteligência, mas não à maturidade. Isso é muito ruim, seja para a sociedade, que sofre quando muitos de seus membros são imaturos, seja para o indivíduo que quer ser feliz — pois a felicidade não está disponível aos imaturos. De fato, uma das características proeminentes da imaturidade é ver-se, primordialmente, como vítima.

CAPÍTULO 18

O SEXO OPOSTO

PARA A MAIOR PARTE DAS PESSOAS, uma relação amorosa com alguém do sexo oposto é fonte incomparável de felicidade. Apesar de todos os desafios, o casamento entre uma mulher e um homem pode ser o grande antídoto contra a solidão e o maior indutor de crescimento emocional e de felicidade.

Entretanto, assim como a família pode ser uma fonte de felicidade ou, então, constituir obstáculo a ela, bifurcação semelhante se verifica sobre o relacionamento com o sexo oposto. Homens e mulheres são tão diferentes entre si que o incrível nem é que tantos não se deem bem, mas, sim, que muitos consigam uma relação exitosa. Esta é uma das razões pelas quais o casamento tende a causar tamanho crescimento pessoal: aprender a se relacionar bem com alguém tão diferente de nós mesmos é um feito notável. Certamente existem casos em que homens e mulheres veem suas disparidades como tão abismais que se convencem de que o sexo oposto não é meramente outro sexo, mas outra espécie.

O desafio para a felicidade reside no fato de que não apenas homens e mulheres são diferentes entre si, mas suas divergências podem trazer conflito tanto quanto conforto. Voltemos a atenção a uma das discrepâncias que causa maior atrito entre homens e mulheres.

HOMENS, MULHERES E SUAS ÁREAS DIVERSAS DE INSACIABILIDADE

Como notamos no capítulo 6, sobre a natureza humana, nossa propensão é insaciável. Isso é, em grau equivalente, um problema para ambos os sexos. Contudo, mulheres e homens também são insaciáveis de maneiras *distintas*, e tais particularidades frequentemente causam tensões entre esses dois grupos.

De modo geral, ambos os sexos têm inclinações igualmente insaciáveis e, com frequência, compartilham áreas de insaciabilidade. Por exemplo, homens e mulheres podem ser atormentados, em mesmo grau, por um apetite incapaz de ser saciado no que tange a possuir bens materiais. Conquanto possa constituir sério entrave para que se sintam plenos, tal aflição não provoca, necessariamente, graves tensões entre dois indivíduos. Todavia, os impulsos insaciáveis que são distintos para cada sexo muitas vezes causam desarmonia entre eles. Reconhecer essas áreas de incompatibilidade pode ser bastante útil, a fim de promover a harmonia entre os elementos masculino e feminino.

Em meio aos homens, a área central de insaciabilidade é a variedade sexual; entre as mulheres, a intimidade emocional.

Compreendo que esse entendimento das naturezas masculina e feminina vai contra alguns pensamentos em voga hoje em dia e, ainda, que ler a afirmativa acima pode ser desolador. No entanto, se estamos verdadeiramente interessados em confrontar a natureza humana como fonte de infelicidade para superá-la, cabe-nos descrevê-la da maneira mais honesta que pudermos.

A índole masculina é concebida para não se sentir sexualmente satisfeita; pelo contrário, para desejar outros parceiros — o que difere de almejar mais sexo com o mesmo parceiro, um impulso que pode caracterizar ambos os sexos. O desejo por variedade nessa arena não é induzido socialmente, mas, sim, traduz parte do temperamento masculino essencial. Prova disso é que tal anseio é tão verdadeiro para homens homossexuais ou heterossexuais. Outra evidência é a multibilionária indústria pornográfica. Ela é praticamente toda dirigida aos homens — repito: sejam homossexuais, sejam heterossexuais — e oferece um estoque infinito de novos objetos para cobiçar. Caso o caráter masculino não mirasse a diversificação, uma única edição da *Playboy* bastaria para sempre.

Além disso, o clamor por diferentes parceiros sexuais verifica-se tanto em homens que fazem sexo frequente como naqueles que pouco o fazem, entre solteiros e casados e, também, em meio aos que amam suas parceiras e aos que são infelizes no casamento. Em outras palavras, é verdade diante de quase todos os homens. Para a maioria deles, é a *monogamia*, e não a busca por parceiros sexuais diversos, que resulta da influência da sociedade.

A fim de que nenhum aspecto dessa descrição da natureza sexual do homem seja mal-interpretado, convém deixar claro que ela é apresentada tão somente para retratar adequadamente uma área de insaciabilidade que pode instigar infelicidade em meio a homens e suas esposas. Não se trata aqui, de forma nenhuma, de defesa do homem que age de acordo com sua índole insaciável.

Compreensivelmente, esse traço da natureza masculina é deveras incômodo para muitas mulheres, sobretudo tão logo aprendam a respeito disso. Porém, verdade seja dita: não é incômodo apenas para elas, mas também para todos os homens que querem levar uma vida em patamar superior ao dos mamíferos machos. Diferentemente das mulheres, porém, que às vezes logram menosprezar essa faceta amarga da compleição masculina — muito embora não devessem —, eles nunca conseguem ignorá-la; trata-se de um fardo onipresente.

Não obstante, as mulheres também carregam seu fardo. De modo que não houvesse um desequilíbrio terrível entre os sexos no que tange à insaciabilidade, Deus, ou a natureza, concedeu às mulheres um impulso insaciável correspondente. Além disso, sabiamente se assegurou de que tal característica seria orientada na direção oposta daquela que acomete o sexo masculino. Se as mulheres tivessem a mesma ânsia que os homens por numerosos parceiros, o mundo estaria fadado à ruína: poucas pessoas se casariam e constituiriam família, nada duradouro seria construído, ambos os sexos dedicariam a vida a saciar a própria lascívia, indivíduos não atraentes seriam ignorados e a espécie humana pouco diferiria do reino animal.

O que foi necessário para contrabalancear o impulso masculino vigoroso em direção à variedade sexual foi o notável ímpeto feminino rumo à intimidade emocional — uma aspiração que é, em muitos aspectos, um espelho do desejo do homem por diversidade. Assim como a avidez sexual do homem por ainda mais um corpo não é passível de ser atendida por completo, a avidez da mulher por intimidade emocional raramente pode ser saciada. Da mesma forma que é difícil imaginar um homem anunciando: "Estou tão satisfeito sexualmente com minha mulher que não tenho atração por outras", seria insólito ouvir uma mulher declarar: "Estou tão satisfeita com o volume de intimidade emocional na minha vida que não anseio nível mais profundo de intimidade com ninguém, tampouco mais momentos desse teor, seja com meu marido, minha mãe, meus filhos, seja com quem for".

Entre as principais fontes de discórdia nos bons casamentos, sem mencionar os ruins, estão a aspiração feminina por mais intimidade e a falta de inclinação do homem a esse respeito, bem como a gana dele por mais sexo, seja com ela, seja com outras.

Apesar de todas as tensões que resultam da disparidade entre as naturezas masculina e feminina, nenhum dos sexos realmente desejaria que as coisas fossem muito diferentes. Imaginem os homens como seriam as mulheres se elas tivessem a índole avessa à intimidade, voltada à variedade e sempre à procura de uma nova excitação. Eles detestariam mulheres competitivas como tais, pouca gente estabeleceria um lar estável — o que, a despeito de seu ímpeto nômade, o homem almeja — e poucas pessoas cuidariam da próxima geração. Por outro lado, imaginem as mulheres como seriam os homens se eles fossem tão sedentos de intimidade e tão centrados no "ninho" quanto elas. A maioria das mulheres toma os homens assim como "mulheres em corpos de homens", e não como homens desejáveis. Quando eles sabem controlá-lo, é o caráter mais rústico, macro-orientado e sexualmente agressivo que os torna mais atraentes às mulheres.

Em outras palavras, mulheres querem que homens sejam homens, e homens querem que mulheres sejam mulheres. Porém, homens masculinos e mulheres femininas vêm com um preço: a característica inata dissonante de cada qual.

O QUE FAZER

Existem maneiras de amenizar o problema. Primeiramente, é imprescindível que homens e mulheres reconheçam que os sexos têm disposição diversa entre si e diferentes áreas de insaciabilidade.

Começamos esse processo entendendo nosso próprio sexo. A partir do momento em que somos capazes de assumir que nossa natureza masculina ou feminina traz elementos de insaciabilidade, vemo-nos numa posição muito melhor para lidarmos com a frustração decorrente de não satisfazermos os próprios impulsos. As maiores desilusões na vida acontecem quando acreditamos que algo inatingível pode ser alcançado. Dito de outra forma: com efeito, um candidato que perde as eleições para presidente se frustra, entretanto, nenhum de nós se decepciona por não concorrer ao cargo, justamente porque consideramos a presidência inatingível.

Se porventura um homem entender que o contentamento sexual é um objetivo passível de se alcançar — caso durma com ainda mais uma parceira, por exemplo —, ele forjará para si imensa frustração e infelicidade. O seu ímpeto voraz o enganará, e ele precisará usar sua mente para contrapor-se à sua natureza.

Suponhamos que ele realmente consiga dormir com uma nova mulher. O que acontecerá no dia, na semana ou no mês seguinte? Ele se verá de volta ao ponto em que estava no dia antes de ter aquela relação, isto é: desejando alguém novo — ademais, agora terá de administrar problemas que são um desastre em potencial, tanto no aspecto conjugal como noutros. Para a maioria dos homens, chegar à saciedade sexual constante envolveria um suprimento sem fim de mulheres atraentes, à moda de certos reis. Mesmo assim, a meta não estaria assegurada, pois toda empolgação diminui com o tempo.

Essa constatação é, por si só, um dos argumentos mais eficazes contra manter um caso extraconjugal por parte do homem. Se porventura a natureza masculina fosse tal que uma nova parceira por ano, digamos, realmente desse ao homem paz sexual que durasse semelhante período, seria possível arguir-se em favor de um caso extraconjugal por razões puramente sexuais — ou seja, não morais. Todavia, uma relação assim não aplaca o clamor de um homem por variedade durante intervalo sequer próximo de um ano. Logo depois daquela aventura, ele estará de volta à estaca zero, sexualmente falando.

NADA DO QUE FOI DITO contesta a importância de uma boa vida sexual para o marido tanto quanto para a esposa. O fato de o anseio sexual masculino por variedade não poder ser plenamente satisfeito não significa que não haja vida sexual melhor ou pior. Embora as relações sexuais constituam somente uma pequena fração do matrimônio em termos de tempo, trata-se de uma pequena fração que pode acarretar o êxito ou o fracasso dessa união. Sendo assim, uma vida sexual boa — *boa*, e não *totalmente satisfatória* — é deveras importante para um casamento aprazível.

Convém que o homem saiba, no entanto, que, mesmo na melhor das circunstâncias — ou seja, com relações sexuais frequentes e satisfatórias com uma parceira amada —, ele ainda sentirá frustração nesse departamento, especialmente nas sociedades ocidentais contemporâneas, em que sofre bombardeio de estímulos sexuais de toda parte. Assim, deve lembrar-se continuamente da insaciabilidade inerente à sua natureza e, quando possível, passar a valorizar a vida sexual que de fato tem.

Ao mesmo tempo, a mulher deve digladiar incessantemente com a realidade de que nunca conseguirá atender por completo aos apelos de sua natureza emocional. Ela amargará frustrações até na melhor das circunstâncias: o casamento com um homem amoroso, que seja íntimo e se comunique bem. Permanecerá querendo mais tempo com seu amado e mais intimidade; se não for em relação a ele, depositará seus anseios sobre filhos, mãe, pai, um irmão ou um amigo. Que uma mulher saiba isso acerca de suas inclinações pode mostrar-se muito libertador. Ao reconhecer seu temperamento insaciável, ela pode vir a prezar, quando possível, a intimidade de que deveras usufrui.

Do mesmo modo que uma mulher deve fazer o que puder para ajudar seu companheiro no que concerne à índole sexual — primeiramente e acima de tudo, procurando compreendê-la —, um homem deve fazer de tudo para ajudar sua mulher com a natureza que lhe é própria — primeiramente e acima de tudo, procurando compreendê-la. No caso dele, isso significa estabelecer uma relação mais profunda e íntima com ela, buscando passar mais tempo a dois e, também, lançar mão de mais gestos como oferecer flores sem motivo especial, mais abraços e ternura.

HÁ OUTRA FORMA de descrever esse problema: *desejos não têm memória; apenas a mente tem*. Se porventura um homem vir uma mulher *sexy* de biquíni um dia depois de ter tido um sexo maravilhoso com sua amada, ele pode desejar aquela mulher como se não tivesse feito sexo em um mês. O seu ímpeto não é dotado de memória — e sua mente deve lembrá-lo disso. De maneira análoga, caso determinada esposa goze de férias encantadoras a sós com seu marido, e repleta de intimidade, quando de regresso, uma vez que ele retome sua agenda normal de trabalho, o clamor por intimidade pode levá-la a pensar que nunca foram íntimos. O seu desejo não é dotado de memória — e sua mente deve recordá-la disso.

Conquistar a felicidade implica travar uma constante batalha com nossa natureza. Para tanto, compete a nós compreender no que consiste essa natureza e, então, também nos cabe ganhar controle sobre ela. Nunca é fácil. No caso da insaciabilidade inerente a cada sexo, é particularmente laborioso.

CAPÍTULO 19

GENÉTICA OU BIOQUÍMICA

QUANDO NASCEM, ALGUMAS CRIANÇAS, se pudessem falar, diriam: "Obrigado! Muito obrigado por me trazer a este mundo tão belo. Estou emocionado e grato por estar aqui". Outras, caso pudessem, exprimiriam algo diferente: "Nunca pedi para ser concebido. Tampouco pedi para ser removido do lugar aconchegante e seguro do qual acabaram de me tirar. Porque assim o fizeram, transformarei suas vidas num inferno". Estas crianças parecem começar a vida infelizes.

Como quaisquer pais podem confirmar, e mais e mais estudos mostram, nós nascemos com certos traços de personalidade. Se são eles de origem inteiramente genética, elaborados parcialmente na vida intrauterina ou refletem características de uma alma singular — quem sabe, ainda, uma combinação dos três fatores —, isso é assunto de outros livros. Crucial em nosso contexto é notar que alguns de nós nascemos com uma personalidade predisposta à felicidade, e outros, com inclinação à infelicidade; alguns temos personalidades ranzinzas, e outros, de modo geral, mais alegres.[1]

ORIGENS BIOQUÍMICAS DA INFELICIDADE

Antes de confrontar aqui outro aspecto quase sempre desconfortável da infelicidade, deve ser reconhecida certa predileção intrínseca por ela, mas não forçosamente inata. Afinal, nem todos os indivíduos cronicamente infelizes nascem assim; muitos se tornam infelizes em algum momento na vida, talvez tão cedo como desde a infância, o que os leva a crer que nasceram assim. Entre esses casos, o estado de infelicidade persistente pode decorrer de uma alteração bioquímica — ou a ter desencadeado, no pretérito —, resultando em alguma forma de depressão.

---

1. Um enigma cuja resolução está além do escopo deste livro é por que esses dois tipos quase sempre se casam uns com os outros. Nunca em minha vida encontrei uma pessoa mal-humorada casada com outra, o que prova que os temperamentais podem ser infelizes, mas não são bobos. Isso não significa que os bem-humorados sejam necessariamente tolos ao se casarem com os geniosos... Quem tem boa disposição com frequência precisa de alguém menos animado em prol do equilíbrio emocional. Além disso, muita gente esconde sua inclinação soturna enquanto namora — o que é muitíssimo relevante para nossos propósitos, pois evidencia que muitas pessoas são capazes, quando as recompensas lhes motivam suficientemente, de agir de forma mais feliz do que como se sentem.

Desse modo, embora a maior parte da infelicidade existente ocorra em razão das circunstâncias, das atitudes e/ou da psicologia, alguma parcela tem origem bioquímica — bioquímica essa que, por sua vez, pode também ter sido provocada por vivências traumáticas.

A infelicidade bioquimicamente induzida não pode ser revertida apenas por mudanças de caráter comportamental, circunstancial e terapêutico. Raízes biológicas para a infelicidade não raro requerem medidas de ordem igualmente biológica. Isso significa que a infelicidade crônica, em certas pessoas, denota depressão clínica, a qual deve ser tratada, em parte, por medicamentos psicotrópicos, tais como Prozac (ou fluoxetina). O argumento de que se prescrevem essas drogas em demasia é válido, porém irrelevante. Antibióticos também são administrados em excesso, mas ninguém nega que são, por vezes, necessários.

TRÊS EQUÍVOCOS A RESPEITO DE DROGAS PSIQUIÁTRICAS

Três concepções equivocadas e comuns sobre fármacos como Prozac e outros devem ser abordadas. A primeira é que quem toma tais medicamentos nunca confronta as fontes reais de sofrimento em sua vida. A segunda é que os remédios psiquiátricos transformam os pacientes em pessoas felizes e que, portanto, quando funcionam, a felicidade recém-adquirida é artificial, fictícia. A terceira está relacionada a haver vergonha em depender de uma droga desse tipo, pois supostamente caberia ao indivíduo ser capaz de resolver seus problemas sem se medicar.

No que concerne à primeira objeção, simplesmente não se cura quem faz uso de medicação psiquiátrica e, contudo, não enfrenta seus impedimentos psicológicos para a felicidade. Uma droga que mira disfunções *bioquímicas* obviamente trata apenas as origens *bioquímicas* da depressão. Por outro lado, tão logo a melhora desse aspecto se inicie, uma vez que a "neblina" finalmente começa a se dissipar, os pacientes tendem a se sentir capazes e inspirados a confrontar as origens psicológicas da depressão — as quais podem ser a causa definitiva do desequilíbrio bioquímico.

O segundo engano sobre remédios psiquiátricos é a ideia de que eles induzem a uma felicidade fictícia. Essa é uma noção equivocada, porque tais fármacos não *fazem* ninguém feliz; eles apenas *permitem* que a pessoa *se torne* feliz. Medicamentos tais como Prozac não fazem ninguém feliz, do mesmo modo que um molde de gesso numa perna quebrada não torna alguém um ás do atletismo. O gesso deixa que a perna se regenere e a pessoa, talvez, seja capaz de voltar a correr. A velocidade com que poderá correr dependerá do esforço pessoal, da saúde, de habilidades inatas e assim por diante. Psicotrópicos possibilitam que o corpo se recupere, de forma que o indivíduo possa ser feliz, porém, o quão feliz dependerá do esforço pessoal, da saúde psicológica, da disposição inata, das circunstâncias e assim por diante. Por isso, é inválido sustentar que seja artificial qualquer felicidade alcançada por pessoas que tomam Prozac ou algo do gênero. Se assim fosse, caberia dizer, de maneira análoga, que as vitórias de um atleta que passou por uma cirurgia na perna são fictícias.

A terceira concepção duvidosa é que há algum tipo de vergonha inerente ao uso de medicamentos psiquiátricos. O equívoco é pensar que os pacientes não têm a devida força para enfrentar seus problemas reais e, em vez disso, recorrem ao caminho "mais fácil", ou, então, de que são doentes a tal ponto que precisam de remédios. É deveras impressionante que, no fim do século XX,[2] existam pessoas sofisticadas em outras arenas que mantenham semelhantes visões. Estas podem ser explicadas somente por ignorância e preconceito. A ignorância diz respeito ao desconhecimento do efeito da biologia sobre a felicidade, e o preconceito se manifesta naquela velha posição de quem se nega a admitir que uma doença mental pode ser, em qualquer medida, análoga a uma doença física.

Solidarizo-me com quem quer que possa ser ajudado por medicação psiquiátrica e, contudo, recusa-se a tomá-la em virtude de qualquer uma dessas concepções equivocadas. Ademais, oriento minha raiva contra aqueles que argumentam em desfavor de todos os fármacos do gênero.

---

2. O lançamento da primeira edição original desta obra data de 1998. [N.E.]

Existe, por exemplo, um médico americano — um psiquiatra, ainda por cima — que dirige um instituto dedicado a persuadir as pessoas a nunca se tratarem com tais drogas. Uma de suas alegações é que mulheres que sofrem de depressão padecem dela por causa do machismo na sociedade; em nenhuma hipótese seria devido à bioquímica. Jamais soube como esse médico explica a depressão masculina; talvez decorra do capitalismo.

Apesar de todos esses argumentos, acredito que se tratar com drogas psiquiátricas deve, forçosamente, ser o *último dos recursos* — o qual caberia apenas depois que terapia, religião e outras iniciativas visando deter a depressão tivessem sido empreendidas e falhado. Além desses esforços, é útil recorrer à reformulação da dieta e até à ingestão de vitaminas, conforme orientação nutricional e médica especializada. Isso porque os efeitos da dieta sobre nosso humor são notáveis. Adicionalmente, convém aos pacientes mirar, quando possível, ao desmame dos psicotrópicos indicados.

DE FATO, JAMAIS EU teria devotado anos a falar e escrever sobre felicidade caso acreditasse que a maior parcela da infelicidade que observo tem raízes biológicas. Os demais capítulos do livro, deste ponto em diante, baseiam-se na convicção de que a infelicidade é passível de ser reduzida em virtude de mudanças a serem adotadas nas atitudes e na filosofia de vida. Não obstante, embora muitos de nós desejássemos que toda manifestação de infelicidade fosse susceptível à abordagem social, psicológica ou filosófica, a realidade é que nem sempre é assim.

Alguns de nós nascemos com propensão biológica à infelicidade ou à depressão, ou adquirimos tal pendor em algum momento, geralmente nos primeiros anos de vida. É importante que saibamos disso tanto a nosso respeito como acerca de quem amamos.

Se porventura somos dotados dessa predisposição, talvez sejamos capazes de tratá-la — aliás, antes mesmo e tão importante quanto isso, de aceitá-la. Com efeito, se essa característica é inerente à nossa constituição, não faz sentido culpar entes queridos ou nós mesmos por nossa infelicidade. Há uma coisa pior que a depressão: culparmo-nos por ela ou a imputarmos a quem nos é caro.

Por outro lado, caso uma pessoa querida seja inclinada à infelicidade, enfim nos é permitido encarar a realidade libertadora de que não nos compete fazê-la feliz. Grande número de filhos se vê como responsável por resolver a infelicidade dos pais — e vice-versa —, tanto quanto muitos maridos e esposas sentem que solucionar a desventura do cônjuge é sua incumbência.

É fato que todos produzem um mar de lágrimas a cada geração. Porém, se você ou alguém amado está continuamente deprimido, é provável que ninguém próximo faça diferença nessa situação. É imperioso que consulte um psiquiatra e acabe com o ciclo da culpa.

PARTE III

ATITUDES E COMPORTA-MENTOS ESSENCIAIS À FELICIDADE

CAPÍTULO 20

SENTIDO E PROPÓSITO

A FELICIDADE PODE SER ALCANÇADA em praticamente quaisquer circunstâncias, desde que você acredite que sua vida encerra sentido e propósito. Foi o psicanalista Viktor Frankl, no já citado *Em busca do sentido*, quem primeiro me despertou para a importância categórica que o sentido detém ante a felicidade. Foi como prisioneiro de um campo de extermínio nazista que Frankl constatou, da maneira mais dura possível, que as pessoas precisam do senso de propósito para conservar a vontade de viver.

A necessidade de sentido e propósito não é de valor monumental unicamente no que concerne à felicidade; trata-se de uma das características mais elementares e distintivas do ser humano.

Certos animais manifestam emoções e são capazes de se comunicar uns com os outros e até mesmo com a espécie humana. Entretanto, pelo menos uma diferença é intransponível: animais não precisam identificar finalidade na vida. Seres humanos, por outro lado, anseiam por sentido. Na visão de Viktor Frankl, essa necessidade humana é tão grande quanto qualquer outra, e talvez ainda maior. A título de exemplo, por mais ardente que seja o ímpeto sexual, existem pessoas que levam vidas felizes sem se envolverem em relacionamentos desse teor. Todavia, é muitíssimo improvável que quem quer que padeça da falta de senso de propósito tenha uma vida feliz.

Mesmo a necessidade básica do homem de estar com outras pessoas parece não ser tão pujante quanto o clamor por sentido. Em suas memórias dos dias de dissidente soviético, Anatoly (Natan) Sharansky escreveu que, até quando sofreu o tormento do cárcere em regime de solitária, ele foi mais feliz que seus guardas, porque sua vida, ao contrário da deles, tinha razão de ser e era cheia de significado.

OS TIPOS DE SENTIDO

A maior parte das discussões contemporâneas sobre propósito concentram-se na importância de cada qual encontrá-lo no âmago da própria vida. Contudo, esse aspecto não é o bastante para promover a felicidade profunda. As pessoas que veem sentido na existência o fazem em dois pilares: 1) a vida *delas* tem razão de ser, e 2) a vida *em si* também o tem. Ambos os componentes, nas esferas tanto pessoal quanto transcendente, são necessários à felicidade.

Existem pessoas que rejeitam ambas as convicções, há quem cultive as duas e, cada vez mais, vemos aqueles que sustentam apenas uma delas: a de que sua própria vida tem sentido, enquanto a vida em si, no fim das contas, é desprovida de qualquer fim. Em meio a este último grupo, há muitos intelectuais laicos, que enxergam a vida humana como uma coincidência fortuita e indesejada — muito embora considerem a vida deles mesmos, para bem sobretudo de sua sanidade, como dotada de sentido. Em termos puramente lógicos, não vejo como um universo aleatório possa produzir vidas significativas, não obstante eu compreenda por que muitos dos que creem num cosmo sem fundamento não queiram ver sua vida particular de forma análoga.

SENTIDO NO ÂMBITO PESSOAL

Para quase todos nós, o sentido provém de três fontes principais: relacionamentos — família e amigos —, trabalho e causas.

RELACIONAMENTOS

A maior parte das pessoas, especialmente ao se tornarem pais, sabe bem quanto se pode extrair da vida familiar em matéria de sentido. Poucas coisas são tão significativas como criar um filho, por exemplo. Ser pai ou mãe é ser o primeiro suporte físico, emocional, psicológico, moral e financeiro de uma criança. Desempenhar tal papel confere senso de propósito em escala oferecida por nada mais.

No que concerne às emoções, pouco nos preenche tanto quanto ver os filhos sorrindo, abrindo-se para nós e desabrochando até a idade adulta sob nossos cuidados.

Todavia, não é preciso ser pai para apreciar quão significativa a vida familiar pode ser. Descobrimos grande sentido em amarmos e sermos amados, assim como no senso de pertencimento e em sermos necessários — e tudo isso pode ser obtido na vida familiar. Além disso, a maioria dos homens encontra propósito no sustento material do lar, enquanto grande parte das mulheres o obtém ao prover o sustento emocional dos seus (evidentemente, os sexos são capazes de suprir ambos os aspectos, tanto o material quanto o emocional, e cada vez mais tem sido assim). De outro lado, crianças extraem quase todo o sentido do fato de pertencerem a uma família.

De forma parecida, amigos nos ajudam a encontrar razão de ser. Na verdade, quem não tem amizades na fase infantojuvenil, mesmo quando goza de boa vida em família, corre risco maior de, posteriormente, desenvolver depressão e outros problemas emocionais e sociais. Além do mais, um dos aspectos mais difíceis de envelhecer é a perda de amigos.

TRABALHO

Para muita gente, o trabalho é outra importante fonte pessoal de significado, a qual não está relacionada à compensação financeira. Advogados, por exemplo, podem ter uma renda imensa, não obstante seu trabalho talvez lhes conceda pouco sentido, caso envolva defender pessoas ou organizações pelas quais o respeito é escasso. Por outro lado, muitas pessoas que ganham muito menos, tais como professores, ou que não recebem nada, como voluntários, têm seu trabalho como algo profundamente significativo.

Uma vez que muitos buscam uma ocupação movidos por dinheiro e prestígio, mais do que por sentido, o trabalho não adquire feições particularmente significativas para eles. Consequentemente, não representa grande fonte de felicidade. Uma lição óbvia, então, no que tange à profissão, é que com frequência somos compelidos a escolher entre renda e propósito.

UMA CAUSA

A terceira torrente comum de sentido, em âmbito pessoal, está no engajamento em uma causa. Das três fontes citadas, esta pode ser a mais robusta, mas é também a mais perigosa: sua aptidão para produzir o mal é tão grande quanto para originar o bem. Quando se trata, por exemplo, de superar uma doença ou de proteger os filhos, são propósitos manifestamente bons, além de significativos. Entretanto, há outros igualmente significativos, mas ignóbeis.

A versão insidiosa tende a acontecer quando as pessoas se filiam a determinada causa porque lhes falta qualquer outra fonte de sentido. Nesses casos, hastear aquela bandeira se torna a única coisa a lhes conferir razão de ser, suprindo especialmente a lacuna dos relacionamentos.

Eis um motivo pelo qual jovens solteiros são mais predispostos a dar sua vida por uma causa do que adultos casados. Sem terem cônjuges nem filhos, tampouco um trabalho gratificante — além de raramente cultivarem amizades profundas, que costumam vir com a idade —, a devoção a uma causa se converte em sua grande fonte de sentido e, portanto, de felicidade (e até mesmo de relacionamentos, estabelecidos com outros afiliados a tal causa).

Evidentemente, quando se dedicar a uma causa dá senso de propósito à vida de alguém e o que o move é realmente nobre, o mundo pode se beneficiar bastante desse compromisso. Todavia, se o engajamento resulta da busca desenfreada por sentido — o qual, de outro modo, estaria ausente —, o intuito facilmente pode se mostrar menos nobre e até se transformar em uma espécie de culto.

A história é cheia de exemplos de pessoas que abraçaram causas à procura de sentido e perpetraram grandes males em nome delas. Isso é notadamente verdadeiro para os homens, porque, em regra, em comparação com as mulheres, tendem a não considerar relacionamentos como algo tão significativo — muito embora eles possam aprender a ver desse modo.

A causa que mais tem proporcionado sentido e felicidade a homens e mulheres é a religião. Como outras características da vida religiosa — comunidade e transcendência — também propiciam felicidade, não é de surpreender que a religião possa ser uma força poderosíssima tanto para o bem quanto para o mal. De fato, o histórico da religião é misto. A maioria das grandes correntes religiosas tem feito mais bem do que mal, mas algumas produziram danos enormes.

Não obstante, o enfraquecimento da religião como fonte de sentido para os indivíduos na era contemporânea tem se mostrado, consideravelmente, mais uma maldição do que uma bênção. Com o declínio da religião tradicional, dezenas de milhões de pessoas têm se voltado a outros lugares em busca de propósito, e os candidatos mais populares acabaram por criar males tremendos — com destaque para ideologias tais como o nacionalismo chauvinista, o racismo, o comunismo e o nazismo.

Sem sombra de dúvida, existem projetos de natureza moral fora do campo religioso. Ao longo do século xx, no entanto, revelou-se moralmente horrendo o registro histórico generalizado daqueles que, no universo laico, esposaram causas de larga escala social.

Em suma, causas são grandes provedoras de sentido. Contudo, beneficiam mais o mundo os casos em que seus militantes encontram sentido primordialmente em relacionamentos, e não na causa em si. Biografias de monstros como Adolf Hitler e Josef Stálin, de líderes de cultos malignos e de assassinos em série americanos são, praticamente todas elas, biografias de pessoas solitárias.

SENTIDO NO ÂMBITO TRANSCENDENTAL

A maioria dos indivíduos sensatos percebe quão importante é encontrar razão de ser na esfera pessoal. Porém, esse tipo de sentido em nível pessoal não basta; para serem felizes, pessoas ponderadas devem também acreditar que a vida em si mesma está imbuída de sentido.

Eis o ponto por que as sociedades laicas da atualidade com frequência minam a felicidade. Em última análise, atestam que o mundo não tem propósito nem significado — tal afirmativa decorre inescapavelmente da compreensão puramente secular da existência.

Este não é o lugar para discutir qual concepção a respeito do cosmo é mais exata: a de natureza religiosa, que vê a criação imbuída de propósito, ou o entendimento secular, segundo o qual o universo é aleatório. Afinal, não há como concluir em caráter definitivo. O que se pode saber, no entanto, são as consequências das duas visões.

Se não há Deus, nem Ser Superior, nem qualquer espécie de mão condutora que tenha incutido significado e propósito na criação, então aquilo que existe não pode, rigorosamente, exibir tais qualidades. Por mais que vejamos o trabalho, a família, os amigos e as causas sociais como fonte de sentido, uma concepção secular do universo implica a ausência de propósito em qualquer desses elementos. Em outras palavras, nós *inventamos* ou lhes atribuímos significado com o objetivo de não nos desesperarmos. Isso porque é muito difícil sermos felizes se olharmos para o espelho a cada manhã e virmos apenas o produto aleatório de forças sem porquê, poeira estelar que *por acaso* é autoconsciente.

Em virtude dessas razões, notamos quão importante é

uma perspectiva religiosa do cosmo para a felicidade das pessoas que pensam sobre a vida e a analisam. Embora a visão intelectual dominante em nosso tempo postule que os indivíduos menos dados à reflexão são os mais inclinados à religião, a verdade é o contrário: *é o pensador quem mais precisa da religião*. Afinal de contas, quem não tece maiores considerações acerca da vida pode, pelo menos em tese, ser feliz tão somente experimentando os prazeres cotidianos e contentando-se com o sentido encontrado na realidade pessoal. Por outro lado, o indivíduo pensativo sabe que tais elementos, por si sós, não atendem à sede humana por um universo imbuído de sentido.

CONCLUSÃO:
SEMPRE SE PERGUNTE: "É SIGNIFICATIVO?"

Para ser uma boa pessoa, é sempre necessário se perguntar, antes de fazer algo: "Será correto?". Para ser fisicamente sadio, convém se questionar, ao comer algo: "É saudável?". A fim de ser feliz, é preciso indagar a si mesmo, antes de agir: "É significativo?".

O problema, claro, é que a boa ação, a comida saudável e o comportamento dotado de sentido são raramente os mais atraentes entre as opções disponíveis — o que só prova, mais uma vez, que a maior batalha rumo à felicidade é com nossa própria natureza.

CAPÍTULO 21

FELICIDADE É UM SUBPRODUTO

POR MAIS DETERMINANTE que seja a felicidade, se você fizer dela seu valor mais alto, não será capaz de alcançá-la. Ela só é passível de se atingir quando for subproduto de alguma outra coisa, a qual deve preceder a felicidade em escala de importância.[1] Mas atenção: é impossível enganar-se. Não funciona alegar para si mesmo, por exemplo: "Com o intuito de ser feliz, vou valorizar [determinado elemento] mais do que a felicidade", se porventura continuar, no seu âmago, a prezá-la acima de tudo.

---

1. Pergunte aos pais de hoje o que mais desejam para sua prole, e a grande maioria responderá: "Que seja feliz". Por mais bem-intencionado que seja esse pensamento, ao elegerem a felicidade como o principal objetivo da vida dos filhos, os genitores, infelizmente, tornam muito mais difícil a transformação das crianças em adultos realizados. Por outro lado, aqueles que as educam esclarecendo que certos valores estão acima da felicidade têm maior probabilidade de criar filhos felizes.

Descrevo, a seguir, seis valores que são amplamente considerados mais importantes do que a felicidade — e que, portanto, são responsáveis por levar grande quantidade dela às pessoas.

OCUPAÇÕES APAIXONANTES E SIGNIFICATIVAS

A primeira e talvez mais óbvia fonte de felicidade é a dos interesses pelos quais se nutre grande paixão e que dão sentido à vida de quem os cultiva. O número deles é quase infinito: desde estudar insetos a ter uma carreira esportiva, até confortar os que estão prestes a morrer.

Dado o potencial de nos trazer felicidade que a dedicação fervorosa a interesses significativos encerra, torna-se crucial ajudar os filhos a desenvolverem o maior número de paixões possível. Quanto mais paixões tivermos — seja por pessoas, coisas, trabalho, *hobbies*, seja pelo que for —, mais felicidade provavelmente experimentaremos. Mas, ainda outra vez, não podemos nos enganar. O mero entusiasmo por algo não é suficiente; o objeto da devoção deve ter valor e sentido intrínsecos. Desse modo, alguém pode ser aficionado por assistir à televisão, porém, fazê-lo por longas horas não é intrinsecamente valioso nem significativo — e, assim, não conduz à felicidade.

Raramente cito estudos, acreditando que há duas alternativas: eles geralmente confirmam o que o bom senso e a experiência humana já sabem ou, então, apresentam aquilo que o autor da pesquisa deseja encontrar. Contudo, no que tange à relação entre felicidade e o hábito de assistir à televisão, tomei conhecimento de trabalhos que abriram meus olhos. Revelam eles que, após determinado número de horas diante da televisão em dado dia, o sujeito se torna, com efeito, mais infeliz. Pode-se argumentar que, depois de certa quantidade de tempo fazendo qualquer coisa, todos se sentem menos felizes. Mas isso não é verdade.

Tome-se por exemplo algo excêntrico e desinteressante, segundo a maior parte das pessoas, tal como examinar insetos. Uma vez que essa atividade, ao contrário de assistir à televisão, pode ser tanto intrinsecamente valiosa quanto significativa, quem ama aprender sobre o assunto não se verá mais infeliz após decorrido certo tempo dedicado à sua paixão. Seis horas por dia — tempo médio consagrado à televisão em um lar americano — devotadas ao conhecimento dos insetos tende, de fato, a incrementar a felicidade do estudioso, porque o induz ao crescimento e à compreensão dilatada.

Examinemos outro exemplo. Uma *carreira* nos esportes é capaz de insuflar felicidade em determinado alguém, graças a seu amor pelo esporte, à profunda interação entre os envolvidos e aos desafios de ordem mental, física e emocional inerentes àquela prática, seja em caráter amador, seja em profissional. Entretanto, o simples fato de ser um fã — isto é, de *assistir* a esportes —, sobretudo depois de certo tempo, não instila felicidade em quem quer que seja.

Acompanhar partidas e torneios esportivos é uma fonte de diversão, mas raramente provê sentido aos torcedores. Uma prova disso é a vasta quantidade de apostas entre eles. Apostar confere ao ato de acompanhar esportes propósito que, de outro modo, lhe é escasso. Por outro lado, assistir a jogos e competições pode ser significativo para aqueles engajados no gerenciamento da atividade, no desenvolvimento de atletas ou na escrita e no comentário especializados.

PROFUNDIDADE

O segundo exemplo de uma meta capaz de gerar felicidade como subproduto é a profundidade. Nos dias atuais, esse atributo — assim como a maturidade — não é quase nunca citado ou mesmo cogitado quando as pessoas, especialmente os jovens, pensam acerca daquilo a que aspiram. Pergunte: "Qual é a importância de ser profundo para você?", e provavelmente obterá respostas intrigadas como: "Que você quer dizer?".

O tema de transformar-se em alguém mais profundo merece um livro inteiro, portanto, apresentarei somente uma breve definição e alguns exemplos. Talvez a melhor maneira de entender a profundidade seja pensar nela associada ao crescimento individual. Tornamo-nos mais profundos à medida que *nos esforçamos para crescer* — emocional, moral, psicológica e intelectualmente, bem como em matéria de sabedoria. Note que *esforço* é parte-chave da profundidade. Afinal, muito pouco do que é facilmente conquistado é profundo.

Ainda assim, a natureza humana mais uma vez trabalha contra nós, pois nos motiva a buscar prazer imediato, e não profundidade. Apesar disso, aqueles que transcendem sua natureza e perseguem esse atributo acabam por encontrar grande felicidade em consequência desse esforço. Vejamos alguns exemplos.

Quem tende a ser intelectualmente mais profundo, e mais feliz: quem dedica a maioria das noites a ler bons livros, fazer cursos e aprender uma língua estrangeira e/ou um instrumento musical ou quem emprega o mesmo tempo assistindo à televisão? Quem tende a ser mais profundo emocionalmente: quem se compromete num relacionamento, casa-se e cria filhos ou quem permanece solteiro e vive de relação em relação? Quem tende a ser mais profundo psicologicamente: quem investe tempo e esforço aprendendo sobre si mesmo ou quem raramente olha para o próprio íntimo?

Exemplos se aplicam a toda área da vida. Mesmo o lazer há como se tornar mais significativo. Você pode relaxar empregando horas no jogo de cartas ou, então, aprender sobre seus interesses matriculando-se num curso educativo para adultos, o que lhe exigirá certa dose de compromisso. Pode contentar-se com músicas fáceis de ouvir ou, quem sabe, empreender o esforço para apreciar um estilo mais profundo, tal como o erudito. Pode ver filmes que consistem tão somente em entretenimento ou, em vez disso, assistir a filmes que, além de entreter, instigam o pensamento. Pode, ainda, ler apenas romances *pop*, que são mera distração, ou, como alternativa, ler literatura que instiga o intelecto e as emoções e também diverte.

Quando experimentar um lazer mais profundo, será difícil voltar à variedade mais superficial, porque as recompensas da profundidade são notáveis. Como exemplo, pergunte a qualquer pessoa que realmente goste de música, tanto popular quanto erudita, qual é o gênero musical que produz maior encanto — e digo isso com grande apreço pelos prazeres da música popular.

Perseguir a profundidade é um dos traços que distinguem o ser humano; é dos mais nobres objetivos que se pode estipular, e ainda acarreta felicidade duradoura. Com efeito, a jornada rumo ao que é profundo e significativo propicia felicidade comparável à de alcançar esse destino. Uma vez que a profundidade não tem limites, a viagem em busca dela nunca termina.

SABEDORIA

O terceiro objetivo cuja busca gera felicidade como subproduto é a sabedoria. Essa virtude pode ser definida como *entendimento*, em oposição ao mero *conhecimento*. Conhecimento é maravilhoso, mas não se confunde com sabedoria — não é tão valioso nem traz a felicidade ou a paz de espírito proporcionadas por ela. Computadores contêm grandes quantidades de informação, mas não gozam de nenhuma sabedoria. Realidade similar é verdadeira para muitos homens.

Se acumular conhecimento inevitavelmente trouxesse sabedoria, dado o número de pessoas instruídas hoje em dia, viveríamos na era mais sábia da história da humanidade. Por outro lado, tendo em vista a pequena quantidade de gente que, no passado, recebeu educação formal, poucos dos nossos ancestrais teriam sido sábios. Apesar disso, provavelmente todos conhecemos alguém de baixa escolaridade que possui grande sabedoria, assim como todos conhecemos indivíduos de alto nível educacional que são, em larga medida, tolos.

Não indico nenhuma rota infalível para a sabedoria; provavelmente não há nenhuma. Algumas pessoas parecem ter nascido dotadas de tal virtude, e outras a conquistam por meio de uma grande batalha intelectual e emocional. A verdade manifesta é que a busca persistente pela sabedoria resulta numa vida mais feliz.[2]

---

2. Ao leitor interessado, apresento duas teorias para explicar, em grande medida, o declínio da sabedoria em nosso tempo. Uma delas é a especialização no âmbito escolar: uma educação de bases amplas foi abandonada em favor de acumular

CLAREZA:
ENTENDENDO A SI MESMO E A VIDA

A quarta meta superior à felicidade e que a faz emergir como subproduto é a clareza. Talvez sejamos tentados a pensar que é possível sermos felizes sem trabalharmos para entender a nós mesmos e a vida, acreditando em algum grau na máxima que afirma: *A ignorância é uma bênção*. Porém, a realidade não é bem assim.

vasto conhecimento a respeito de áreas cada vez mais específicas. A outra está expressa na afirmação, contida em Provérbios, de que a "sabedoria começa com o temor a Deus".

A secularização trouxe bom número de bênçãos, das quais a mais notável é a tolerância, graças à laicidade governamental. Mas esse fenômeno raramente conduz à sabedoria. Como poderia? Negar o aspecto transcendente da vida humana leva, em última instância, à crença de que tudo é fortuito e sem sentido — e há pouca sabedoria a ser colhida no aleatório e na ausência de finalidade. Corretamente, ligamos a maioria dos governos religiosos à falta de tolerância. De maneira análoga, deveríamos associar à falta de sabedoria grande porção do pensamento laico.

[A redação *sui generis* do versículo citado, reiterada pelo autor em seus artigos, decorre de sua preferência por traduzi-lo a partir do hebraico, idioma que domina, a adotar versões correntes em inglês, geralmente bem similares às do português: "O temor do Senhor é o princípio da sabedoria" — Pv 9:10, idêntico em Sl 111:10 (BÍBLIA Leitura Perfeita. Op. cit.). N.E.]

Desde as tradições orientais até as escolas ocidentais de psicologia da atualidade, há o reconhecimento largamente disseminado de que a clareza, mesmo quando dolorosa, é uma bênção, e não uma maldição. Grande número de indivíduos passa pela vida com uma compreensão escassa acerca dos motivos de ela ser como é, tampouco compreendem as razões pelas quais eles mesmos se comportam da maneira como fazem. Não obstante, entender por que a vida se desdobra da forma como o faz é das maiores fontes de felicidade.

Um dos motivos para isso é que somos muito mais capazes de lidar com as tragédias da vida caso consigamos explicá-las. Por exemplo, quando se esclarecem as causas de um acidente de avião, amigos e familiares dos passageiros que morreram ficam numa condição emocional melhor do que aqueles ligados a vítimas de outro infortúnio ainda não elucidado. Se clareza e entendimento não fossem centrais para nossa felicidade, desvendar tais ocorrências não faria diferença. Portanto, obter explicações, ou seja, ganhar em clareza, importa muitíssimo. Ao contrário, obscuridade sugere que nossa vida está caótica; caos denota falta de sentido, e falta de sentido acarreta infelicidade.

Assim como se dá com o crescimento e a profundidade, quanto mais você entende, mais quer entender. Desejará saber por que perdeu a compostura, por que gritou com alguém querido, por que continua se apaixonando pelo tipo errado de pessoa...

A clareza é incapaz de mudar tudo o que acontecerá em sua vida e, certamente, não modificará nada do que já ocorreu. No entanto, transforma o espectador passivo em ator.

BONDADE

O quinto aspecto a ser citado diz respeito à importância de se fazer o bem, objetivo que deve estar acima de ser feliz. Costumo escrever em vários lugares sobre a conexão entre bondade e felicidade. Afirmo, por exemplo, que pessoas boas atraem outras do mesmo tipo para sua vida, e viver na companhia delas aumenta a felicidade.

Pessoas que estabelecem fazer o bem e forjar um bom caráter como alvos preponderantes em relação a conquistar felicidade alcançam-na como subproduto da meta estipulada. A paz de espírito e o senso de dignidade originados da busca pela bondade são inatingíveis de outra maneira.

A BUSCA PELA TRANSCENDÊNCIA

O exemplo final é, talvez, o mais onipresente: a busca pelo que é transcendente. Por toda a história, muita gente se mostrou extremamente consciente acerca da natureza efêmera da vida humana. Chegamos involuntariamente, ficamos por pouco tempo e partimos contra nossa vontade.

Hoje ainda sabemos que somos partículas infinitesimais no vasto universo. Consequentemente, mais do que nunca, precisamos do sentido que advém, com exclusividade, da crença de que algo permanente nos transcende a todos.

Muitos defendem que não existe transcendência e que religião é uma grande tolice — até mesmo perigosa tolice. Todavia, poucos podem argumentar contra a proposição de que a religião é capaz de trazer mais paz interior que qualquer outra coisa. Há algo no ser humano que almeja por certos elementos — sentido, ordem e respostas, além do senso de comunidade —, os quais a religião fornece de maneira única.

CAPÍTULO 22

DESENVOLVA PERSPECTIVA: CULTIVE UMA FILOSOFIA DE VIDA

NÓS DETERMINAMOS QUÃO INFELIZES SEREMOS

Em uma noite congelante de inverno, meu amigo Joseph Telushkin teve um pneu furado a caminho do local onde proferiria uma palestra. Sem tempo disponível para chamar o reboque, Joseph enfrentou o frio enquanto tentava trocar o pneu sozinho. Mas foi em vão.

Joseph perdeu uma palestra importante, desapontou a plateia, perdeu dinheiro e teve uma noite miserável. Contudo, ao nos falarmos no dia seguinte, descobri que ele não parecia particularmente infeliz por tudo aquilo.

— Estou convencido de que cada um de nós tem uma cota de pneus furados — ele me disse. — E eu nunca havia tido um.

Muitas pessoas se sentiriam consideravelmente mais incomodadas que Joseph em tais circunstâncias. Por que ele não estava mais insatisfeito? Porque muito antes adotara uma filosofia de vida que lhe forneceu perspectiva. *Nós determinamos em que medida permitiremos que algo nos faça infelizes.*

Para muita gente, é difícil reconhecer que está a nosso alcance eleger a resposta emocional àquilo que nos sucede. A maior parte das pessoas crê que os acontecimentos as tornam infelizes, que o nível de felicidade é essencialmente ditado pelo que lhes ocorre. Mas isso não é verdade.

Imagine, por exemplo, duas pessoas que perderam suas carteiras, as quais continham cartões de crédito, documentos de habilitação para dirigir, dinheiro e recibos importantes. Uma delas fica terrivelmente chateada por uma semana; a outra, nem tanto, e por apenas um dia. Partindo da premissa de que a perda da carteira foi igualmente relevante para ambas, por que cada qual experimentou infelicidade em dose tão distinta? Porque quem mais se abalou permitiu-se tal coisa. E uma razão central para isso é a falta de perspectiva sobre o que aconteceu.

Em todos os meus estudos sobre felicidade, uma das conclusões mais significativas a que cheguei é que *existe pouca correlação entre as circunstâncias das vidas das pessoas e quão felizes elas são.* Um instante de reflexão deve tornar isso óbvio para qualquer um. Conhecemos quem leva uma vida relativamente fácil e é essencialmente infeliz, assim como conhecemos quem sofreu bastante, mas mantém um nível de felicidade relativamente alto.

Uma razão para esse paradoxo é a predisposição emocional e psicológica com a qual cada um nasce ou que precocemente desenvolve. Porém, as inclinações pessoais não explicam por completo tamanha disparidade. As outras variáveis da equação são a atitude e a filosofia de vida adotadas pelo indivíduo, as quais determinam seu grau de felicidade com relevância no mínimo igual à da disposição inata.

A NECESSIDADE DE UMA FILOSOFIA DE VIDA

Se a predisposição íntima fosse a única explicação pela qual certas pessoas são felizes, apesar de grandes adversidades, e outras, infelizes, a despeito da profusão de bênçãos, logicamente a psicoterapia, a religião e as filosofias de vida, sem mencionar livros como este, seriam iniciativas inúteis. Nosso estado obedeceria a uma simples equação: Disposição Inata = Felicidade *ou* Infelicidade. No que tange a esse assunto, não seríamos mais que sofisticados computadores, programados para reagir aos acontecimentos de dada maneira.

Todavia, não somos máquinas programadas. Pelo contrário, somos capazes de decidir como reagimos aos eventos, e tomamos tais decisões com base em mais do que certa predisposição íntima. Nossa resposta é determinada pelas atitudes e pela perspectiva — ou, mais precisamente, por nossa filosofia de vida, o que é conhecido, no alemão, por *Weltanschauung* (visão de mundo).

Sem uma filosofia de vida, não sabemos como reagir ao que nos ocorre. A felicidade oscilaria de alto a baixo, ditada pelas ocorrências do dia e pelas emoções desencadeadas, e não por uma reflexão sóbria. Sem sermos capazes de colocar os acontecimentos em perspectiva — aptidão facultada por uma filosofia de vida —, ficamos à mercê dos fenômenos mais variados. Nosso barco vaga sem bússola nem destino.

Vejo isso repetidamente. Um homem com quarenta e poucos anos que acabara de perder o único e amado irmão, seu melhor amigo, devido a um ataque cardíaco fulminante, confidenciou-me que havia renunciado completamente à fé desde então. Muito embora nunca tivesse se envolvido com uma religião organizada, ele afirmou que falava com Deus todos os dias da sua vida. Entretanto, já que seu irmão partira tão jovem, ele fartou-se de Deus.

Perguntei se, antes daquele fato, ele digladiara alguma vez a fim de reconciliar qualquer morte injusta com a existência de Deus. Afinal, muitos homens e mulheres, além de seu irmão, faleceram jovens e deixaram pessoas amadas de luto. Como ele entendera Deus diante das perdas *delas*?

Ele admitiu realmente nunca ter pensado sobre o problema. Aquelas eram perdas dos outros; ademais, de alguma forma, ele deduzira que, dada sua ligação diária com Deus, uma tragédia assim não lhe sucederia.

Dez anos se passaram desde aquela nossa conversa. Fiel à sua palavra, até o momento ele não se dirigiu mais a Deus.

Sei que esse homem é particularmente inteligente e altruísta, logo, o problema aqui não é egocentrismo ou tolice. A questão é que ele nunca refletiu sobre a tensão entre Deus e sofrimento injusto — o que se conhece por teodiceia — e, portanto, não desenvolveu uma filosofia de vida que pudesse prepará-lo para certa espécie de acontecimentos. Caso o tivesse feito, seu relacionamento com Deus não teria morrido junto com o seu irmão.

A maioria das pessoas espera que a tragédia se manifeste para, então, pensar em como incorporá-la à sua vida. Desse modo, o choque se torna, com frequência, muito grande para ser absorvido por seu sistema emocional e psicológico. Ainda que possa não funcionar sempre, adotar uma visão de mundo adequada é capaz de nos inocular contra a exasperação. Muita gente enfrenta tragédias terríveis, mantém sua fé e repele o desespero, e o faz, em larga medida, graças ao cultivo de uma filosofia de vida.

Foi conversando com quem sofreu a mais dolorosa das perdas, a morte de um filho, que me tornei efetivamente consciente de quão indispensável é adotar uma filosofia de vida. Ao descobrir que a maioria dos pais se divorcia após padecer tamanha desventura, levantei a questão no meu programa de rádio. Pedi a casais que permaneceram juntos apesar de enfrentarem semelhante fatalidade que me contassem os motivos do êxito notável. Embora sempre haja fatores emocionais e psicológicos pertinentes a cada um dos indivíduos, uma conclusão pareceu se aplicar a quase todos os que se mantiveram casados — e lograram até buscar certa felicidade. Antes da tragédia, e, em alguns casos, mesmo depois, haviam desenvolvido uma filosofia de vida capaz de acomodar infortúnio tão grande.

A perspectiva derivada de uma visão de mundo saudável é crucial não apenas para lidar com tormentos; aplica-se também ao cotidiano. Meu amigo Joseph só conseguiu impedir que aquela malfadada noite lhe fizesse mergulhar na desolação porque abraçara uma filosofia que lhe facultou colocar o revés em perspectiva. Acredita ele que todos temos uma *cota de pneus furados*, isto é: no curso de uma vida, todos experimentaremos oportunidades perdidas, pneus furados, voos cancelados, bens valiosos extraviados, carteiras perdidas, acidentes, membros corporais quebrados e muito mais do que é doloroso, ainda que não exatamente trágico.

MAIS IDEIAS QUE CONCEDEM PERSPECTIVA

A cota de pneus furados de Joseph é apenas um exemplo

de filosofia de vida que nos proporciona perspectiva e, então, capacita-nos a suportar melhor as adversidades. Em seguida, comento sete outras visões de mundo amplamente conhecidas, as quais facultam às pessoas atravessar tempos difíceis.

1. "ISSO TAMBÉM PASSARÁ"

Conta a história que o sábio Rei Salomão contratou um joalheiro para lhe fazer um anel mágico cuja função seria o alegrar quando estivesse triste e o deixar mais sóbrio quando estivesse excitado demais. O joalheiro concebeu um anel assim. Gravadas nele havia três palavras hebraicas: *gam zu ya'avor* — "isso também passará".

Saber que a maioria das tempestades passa é uma convicção que dá a muita gente ocasião de lidar com os obstáculos. Na verdade, todos deveríamos adotar essa atitude. Compete a casais, por exemplo, reconhecer que atravessarão períodos difíceis; não obstante, caso cada uma das partes continue se comunicando e não diga ou faça coisas particularmente tolas ou destrutivas, aqueles momentos ficarão para trás, e ambos os envolvidos emergirão mais saudáveis e fortalecidos.

Da mesma forma, pais devem se lembrar de que, no mais das vezes, todos enfrentam tribulações com seus filhos e que a maior parte das crises passa. Por exemplo, muitos pais de jovens têm que reafirmar para si mesmos, quase diariamente, que os anos de adolescência chegam ao fim e que os integrantes da família, provavelmente, sobreviverão intactos àquela fase.

Talvez convenha adotar uma explicação para a adolescência que certa vez me foi oferecida por um pai que compareceu a uma de minhas palestras. Depois da exposição, esse homem veio até mim e me disse que descobrira exatamente o que sucede com as crianças ao se tornarem adolescentes. Segundo ele, quando completam treze anos, extraterrestres vêm e removem o cérebro desses jovens e o substituem por um órgão estranho equivalente. Então, algum tempo após o aniversário de dezoito anos, os mesmos seres voltam e recolocam o cérebro original. Essa tese exemplifica a aplicação da atitude "isso também passará".

2. "O QUE NÃO ME MATA ME FORTALECE"

O filósofo alemão Friedrich Nietzsche (não é o meu pensador predileto, mas até pessoas de quem não gostamos podem elaborar pensamentos sábios) afirmou: "O que não me mata me fortalece".

Obviamente, nem sempre isso é verdade. Certas coisas que sucedem às pessoas são tão horríveis que elas acabam mais fracas, não mais fortes. Tais horrores, entretanto, são relativamente raros, e a maioria de nós nos tornamos mais robustos à medida que encaramos e sobrevivemos às adversidades. Saber disso não desfaz nenhum trauma, mas implica que algo de positivo — força e crescimento — pode advir de acontecimentos, de resto, negativos.

3. HÁ UM ASPECTO POSITIVO NO QUE ACONTECEU

Relacionada ao ponto anterior, existe uma filosofia de vida que assevera que algo positivo pode ser encontrado ou criado em quase todo evento desagradável. Isso é fundamental para minha própria visão da vida — e é vital para a felicidade. O próximo capítulo é inteiramente dedicado a essa perspectiva.

4. "VIVER É SOFRER"

Volto ao que o célebre romancista Fiódor Dostoiévski escreveu: "Viver é sofrer". Isso era certamente verdadeiro na Rússia do século XIX em que ele viveu — mais verdadeiro ainda no século XX naquele país —, e tem sido a realidade observada por toda a história da maior parte da humanidade. Muito embora não corresponda à verdade literal no tocante à minha vida e à de centenas de milhões de pessoas, especialmente no mundo desenvolvido contemporâneo, há sabedoria e proveito nessa máxima.

Aqueles que adotam a visão expressa pelo autor têm a vantagem, obviamente, de se filiar a uma filosofia de vida na qual conseguem acomodar seu sofrimento. Para quem efetivamente acredita que viver é sofrer, o sofrimento passa a ser compreendido como algo normal, e não como um choque debilitante.

5. DEUS PERMITE O SOFRIMENTO INJUSTO

Para quem digladia com o problema da teodiceia, não há uma solução completa e definitiva. Entretanto, existem filosofias de vida bastante aceitáveis.

Uma delas sustenta o seguinte: Deus permite que a natureza siga seu curso. Isso significa, por exemplo, que Deus aquiesce a situação de células cancerosas entrarem em metástase em pessoas tanto boas quanto más. Se fosse de outro modo, não haveria outro motivo para ser bom; todos o seriam a fim de evitar adoecer.

Determinada tese argumenta que Deus consente que pessoas más firam as boas porque deu aos homens a liberdade de escolhas morais. Sem ela, seríamos autômatos, e não humanos.

A terceira ideia afirma: o que quer que nos aconteça é da vontade de Deus. Mesmo quando sofremos e não somos capazes de entender a razão pela qual padecemos, Deus tem um motivo para o desejar. Essa não é minha teologia pessoal, mas ela certamente concede a muitas pessoas um método viável de metabolizar o sofrimento.

De outro lado, a quarta maneira de reconciliar o Criador e o sofrimento injusto postula que nenhuma dor em particular é da vontade de Deus. Todavia, Ele está lá quando clamamos por conforto, por força e pela paz de espírito de saber que existe um Deus que se importa — logo, tudo não se resume ao caos.

6. DADA A UBIQUIDADE DO SOFRIMENTO, SOU PRIVILEGIADO

Viajei por mais de setenta países, e o sofrimento que teste-munhei causou profundo impacto em mim. Após presen-ciar os flagelos que afligem grande parcela da humanidade — e contemplar horrores recentes como o Holocausto, os *gulags* comunistas e a carnificina em massa em Ruanda, no Camboja ou na Argélia —, torna-se difícil render-se à infe-licidade mediante problemas muitíssimo menores.

7. ACREDITAR NA VIDA APÓS A MORTE

Convém que nossos pensamentos e nossas ações se con-centrem nesta existência. Contudo, adotar uma filosofia que postula algo depois desta vida, uma instância na qual se manifeste a justiça suprema por algum meio, tem propi-ciado que mais pessoas lidem com o sofrimento em com-paração, talvez, com qualquer outra atitude.

Se porventura a vida após a morte é uma realidade, essa não é uma tese passível de provar nem de refutar de modo definitivo — e os argumentos a favor da sua existência es-tão além da competência deste livro. De minha parte, acre-dito nela, porque acho inconcebível que um Deus justo criasse um mundo injusto e que, sendo Ele imaterial, con-cebesse apenas um mundo material.

Seja como for, mesmo aqueles que não admitem que haja um Deus justo e não físico — e, por conseguinte, não creem numa vida justa após a morte — são forçados a reconhecer a seguinte realidade: quem endossa essa convicção por completo, e suas implicações, incrementa a probabilidade de encontrar uma filosofia que incorpore o sofrimento injusto e, logo, aumenta as próprias chances de ser feliz.

Julgar que esta vida é tudo quanto há efetivamente não é uma receita para a felicidade. Entre outros motivos, porque implica sustentar que quem é submetido de maneira injusta a sofrimentos indizíveis não tem nada a esperar do futuro.

EM SUMA, UMA FILOSOFIA de vida dá sentido à nossa existência, tornando-nos capazes de compreendê-la melhor e de decidir em que proporção os aspectos negativos poderão nos causar infelicidade. Assim sendo, é a visão de mundo, mais que a disposição inata, que determina quão felizes ou infelizes seremos.

Pouco importa a idade; nunca é tarde demais para desenvolver uma visão de mundo. Todavia, pais podem legar aos filhos um presente de valor inestimável ao lhes introduzirem numa filosofia de vida. Esse gesto, sozinho, é capaz de fazer mais em prol da felicidade futura de um filho do que, talvez, qualquer outra coisa que os pais possam lhe oferecer.

CAPÍTULO 23

ENCONTRE O ASPECTO POSITIVO

EXEMPLO UM: O APARTAMENTO NO TÉRREO

Quando procurava um apartamento em Manhattan, durante minha graduação na Universidade de Columbia, o único disponível era no piso térreo, e o aluguei. Tão logo eu contasse isso a nova-iorquinos, estremeciam; todos diziam que eu havia cometido um grande erro. Apartamentos no térreo devem ser evitados, pois são os de mais fácil acesso para ladrões. Aquelas reações e a alta criminalidade na área para onde me mudei poderiam ter feito, naturalmente, com que eu lamentasse minha decisão. Mas não tiveram tal efeito sobre mim.

Em vez de ficar infeliz, elaborei um número de motivos a fim de me convencer de que um apartamento no térreo era a melhor opção. Ao contrário de quase todos no edifício, nunca precisaria esperar pelo elevador; eu desfrutava de acesso imediato ao zelador, que vivia no apartamento ao lado; mudar-me seria mais fácil, barato e rápido, tanto ao chegar como ao sair; não corria o risco de ter que subir escadas caso o elevador estragasse.

Como resultado, em vez de me arrepender da minha escolha e me preocupar com ela, amei aquele apartamento desde o dia em que ali me instalei. Além disso, ele nunca foi roubado e, ainda por cima, virei uma espécie de irmão mais velho do filho do zelador.

À medida que amadureci, cultivei essa abençoada tendência inata de encontrar fatores positivos em quase todas as circunstâncias. Há quem acuse aqueles de nós que adotamos essa atitude de nos iludirmos com o intuito de sermos felizes, porém, essas pessoas não perceberam qual é a questão. Quase sempre, existe ao menos um elemento positivo em uma situação negativa, assim como um lado negativo em qualquer situação favorável. Decidir identificar o aspecto positivo e enfatizá-lo não é, de nenhum modo, uma forma de iludir-se.

EXEMPLO DOIS:
ENCONTROS TEDIOSOS E RUINS

Quero citar outro exemplo que funcionou bem para mim.

Quando era solteiro, encarei o problema dos encontros a dois que logo se afiguravam chatos. Solteiros consideram esse um obstáculo incontornável, sem mencionar o grande desperdício de tempo. Como alguém que sempre temeu a perda de tempo mais que a de dinheiro, e que se entedia quase tão facilmente quanto uma criança de quatro anos, eu era o candidato perfeito para ter — e repudiar — encontros tediosos. Ainda assim, posso dizer, honestamente: nunca senti que mesmo o jantar mais enfadonho representou tempo jogado fora.

Graças à aplicação da minha filosofia de descobrir o aspecto positivo em toda situação, fiz com que programas maçantes a dois, especialmente os mais maçantes, transformassem-se em experiências de aprendizado. Decidi desvendar o que tornava uma pessoa entediante. Não se devem tomar essas palavras como sarcasmo ou depreciação; afinal, ser chato não é uma falha de caráter, tanto que muitos veem até pessoas más como deveras interessantes. Trata-se apenas de ilustrar como uma ocasião que a maioria das pessoas acha inteiramente negativa pode render algo positivo.

Quanto mais chato eu achava o encontro, mais perguntas endereçava a quem estava comigo, a fim de tentar determinar as raízes e as características de ser uma pessoa tediosa — e também, por conseguinte, as de ser alguém cativante. Creio que aprendi bastante a respeito do assunto. Mais tarde, empreguei aqueles *insights* em palestras para jovens, esperando ajudá-los a se transformar em indivíduos que instiguem curiosidade.

Aprendi, entre outras coisas, que a algumas pessoas falta certa dose de paixão, e que tal característica as torna desinteressantes; que a escassez de introspecção produz alguém enfadonho; que restringir a própria curiosidade a si mesmo ou a assuntos abrangentes e impessoais gera fastio. Ademais, compreendi como e por que *eu* ficava entediado. Em suma, amadureci por intermédio de encontros chatos. Quem preza o próprio aprimoramento aproveitará praticamente toda situação, pois poucas são aquelas das quais não se pode extrair algo, e isso faz crescer.

Além desses, houve os encontros ruins, ou seja, aqueles que não eram necessariamente chatos, mas que revelavam não haver quase nada em comum entre mim e quem me acompanhava. Em raras vezes, foram ocasiões com pessoas de quem realmente desgostei. Não obstante, aprendi ainda mais nessas situações, sobretudo a meu próprio respeito. Por que eu não sentia nenhuma química com a mulher em questão? O que me tornava tão diferente dela? Que característica me faltava, talvez, que não me deixava apreciar aquela pessoa?

Podemos usar encontros bons ou ruins, bem como festas e reuniões, para aprender sobre as pessoas. De modo geral, confraternizamos com quem temos muito em comum. Reuniões chatas e ruins, então, constituem oportunidades raras de conhecer acerca daqueles com quem, em circunstâncias normais, não passaríamos nem dez minutos.

PREZE O CRESCIMENTO E, ENTÃO, VALORIZARÁ QUASE TODA SITUAÇÃO

É evidente que apartamentos no térreo e encontros desagradáveis não estão entre as situações mais difíceis da vida. Contudo, a regra de que algo de positivo pode ser encontrado em praticamente toda ocasião comporta raras exceções.

Antes de citar outros exemplos, é crucial destacar que o princípio que dá título a este capítulo não equivale, de maneira nenhuma, a outro que afirma: "tudo concorre para o melhor". Esta crença é, infelizmente, sem sentido. Há inúmeras instâncias em que os acontecimentos não contribuem para a melhora sequer no cômputo geral. Negar essa realidade seria negar os horrores que muitas pessoas vivenciaram. A vítima que está prestes a morrer assassinada deve acreditar que aquilo ocorrerá para seu bem? Considere os que pereceram sob o jugo do nazismo, do Khmer Vermelho, da Revolução Cultural maoísta e nos *gulags*, ou durante o genocídio na Ruanda, para citar apenas alguns dos célebres massacres do século xx. Porventura lhes competiria ver as atrocidades cometidas contra eles e seus entes queridos como algo que, em última análise, redundaria no seu bem? Se seu filho é morto por um motorista bêbado, como isso pode representar, sob qualquer ângulo, o melhor?

Feita essa ressalva, a verdade é que a maior parte das situações ruins com que deparamos realmente guarda algo de bom a ser extraído. Se não, ao menos contém o que nos cabe *tornar* bom, como no provérbio *fazer dos limões uma limonada.*

Como descrito no capítulo 17, meu sobrinho Joshua Prager transformou uma situação terrível — ficar paraplégico depois de ser atingido por um caminhão — em algo incrivelmente positivo. Joshua planejara ser médico, tocava trompete lindamente e era um bom atleta. Depois do acidente, teve de abandonar seus planos de seguir a carreira do pai, não pôde mais tocar o instrumento ou praticar qualquer esporte. Por outro lado, como resultado daquele tremendo revés, ele se obrigou a desenvolver interesses e descobrir capacidades em si mesmo, tais como escrever, o que, de outra forma, dificilmente desenvolveria ou descobriria. Joshua adquiriu sabedoria e perspicácia que o distinguem das pessoas de sua idade, e ainda ajudou inúmeras vítimas de paralisia. Agora, repórter do *Wall Street Journal*,[1] provavelmente é mais feliz que já foi um dia. Ele transfor-

---

1. De 1998, quando este livro foi originalmente lançado, para cá, Joshua Prager (1971–) deixou o posto no jornal nova-iorquino e tornou-se escritor de grande projeção; seus trabalhos são sucesso de público e crítica. [N.E.]

mou uma situação péssima em uma boa — sem, nem por um momento, negar o lado ruim.

Se você quebra sua perna e fica deitado por um mês, pense nisso como uma chance de fazer leituras substanciais. Caso não consiga encontrar um cônjuge, veja essa realidade como oportunidade de desenvolver amizades profundas e duradouras, bem como de dedicar muito mais tempo ao trabalho e aos interesses que o cativam. Se porventura é casado e, juntamente com seu cônjuge, não pode conceber um filho e escolhe não adotar um — via de regra, uma decisão irracional, mas muito comum[2] —, considerem

---

2. A decisão de não adotar um filho, por parte de pessoas que o querem, é irracional por muitas razões, as quais são explicadas em meu livro *Think a Second Time* [*Pense outra vez*, sem tradução no Brasil], no ensaio sobre "Baby Richard". O caso consiste em um menino de quatro anos de idade tirado de seus pais por ordem da Suprema Corte [do estado] de Illinois, em 1995, e entregue ao pai biológico, que nunca o havia visto.

Basta dizer, por ora, que a decisão de não adotar um recém-nascido tem muito menos lastro na razão que em crenças e sentimentos. Os motivos alegados costumam ser, entre outros: 1) uma pessoa não ama uma criança adotada como amaria um filho biológico — o que é inteiramente falso; 2) conhecemos o patrimônio genético quando temos um filho biológico e, portanto, é mais improvável deparar com problemas emocionais e psicológicos de fundo genético. Este argumento é majoritariamente falso, pois ignoramos largamente nossa própria herança genética e, uma vez que buscamos conhecê-la, em regra não é mais promissora do que qualquer arcabouço hereditário do qual sabemos pouco ou nada.

juntos a ocasião de se concentrarem no casamento e tornarem-se adultos amorosos com filhos dos outros. Crianças precisam de todo o amor adulto que puderem receber. E os demais, que não os genitores, por vezes estimulam as crianças de certas maneiras que os pais não conseguem.

O rabino Harold Kushner perdeu seu filho para uma doença longa e terrível. Em vez de somente ficar de luto — e o luto motivado pelas perdas é indispensável à felicidade —, ele absorveu o golpe doloroso e escreveu *Quando coisas ruins acontecem às pessoas boas*, além de proferir palestras a respeito. O livro ajuda milhões de leitores a lidarem com tragédias.

Aqueles que decidem buscar o que há de positivo a ser encontrado na grande maioria das situações serão abençoados. Quem opta, por outro lado, por dar ênfase ao que é lamentável em todo acontecimento será amaldiçoado. Assim como no tocante à felicidade em si, trata-se, em boa medida, de uma decisão que compete a cada um.

CAPÍTULO 24

ACEITE A TENSÃO

NÓS, HUMANOS, NÃO GOSTAMOS da dor e, por isso, procuramos evitá-la. Contudo, conforme discutido previamente no capítulo 12, tentar viver livre de dor implica uma vida infeliz.

A tensão é um elemento que fornece um bom exemplo. Uma vez que é algo desagradável, as pessoas buscam esquivar-se dela. Porém, ao agirem assim, diminuem suas chances de serem felizes, pois se trata de ingrediente imprescindível a toda espécie de crescimento. Uma vida sem tensão é necessariamente superficial, a tal ponto que sua ausência caracteriza mais a vida animal ou vegetal que a do ser humano. Se esse fator está presente em sua vida, significa que você lida com impulsos e exigências conflitantes — traço de uma vida plena, e não infeliz.

Tendemos a pensar que o ideal seria não ter tensão, mas, depois de refletirmos um instante, notamos que sua ausência seria terrível. Por exemplo: não queremos tensão sexual? O que é melhor para um casal: experimentá-la ou não? Ora, certo nível de tensão nessa arena, que até extrapole o casamento, não é desejável? Refiro-me às reações com conotação sexual provocadas por outras pessoas além do cônjuge, evidentemente sem agirmos em sua direção. Senti-las, afinal, não significa que somos vívidos e vibrantes? Como meu pai, Max Prager, gosta de dizer — e minha mãe concorda: "No dia em que eu parar de olhar, enterrem-me!".

Porventura não queremos tensão no trabalho? Alguém já conseguiu conquistar qualquer coisa sem esse componente?

À proporção que nos empenharmos na vida e quanto mais rica ela for, mais tensão haverá. Os únicos meios de escapar disso são se entorpecer — eis o apelo da dependência química — ou, então, levar uma vida tão monótona que inexistam exigências conflitantes. Maturidade e felicidade nos compelem a confrontar a tensão e, a bem da verdade, a acolhê-la. Indesejável é, com efeito, a tensão desnecessária — a qual geralmente chamamos de estresse ou exasperação.

ESTRESSE OU EXASPERAÇÃO

Embora ambas as formas de tensão sejam incômodas e inevitáveis, é significativa a diferença entre a variedade necessária e a desnecessária, a qual denominei estresse ou exasperação. Tensão é, normalmente, sinal de vitalidade e saúde, portanto, não deve criar infelicidade. Por outro lado, esgotamento e sobrecarga contínuos são fatores, em regra, prejudiciais ao corpo tanto quanto à felicidade, e convém reduzi-los o máximo possível.

Estresse e exasperação matam, assim como muitas outras coisas na vida, entre elas, os cigarros. Mas os elementos em análise são piores que cigarros. Estes ao menos proporcionam algum prazer antes de causarem a morte prematura de cerca de um em cada três fumantes. Exasperação, pelo contrário, apenas inflige dor e provavelmente mata mais pessoas que o consumo de alguns maços.

Caso esteja submetido a forte dose de estresse, urge identificar-lhe a origem o mais precisamente possível. Em seguida, convém fazer tudo o que estiver a seu alcance para eliminar esse fator da sua vida ou aprender a viver com ele, seja ignorando-o, seja no mínimo mitigando sua influência.

De que modo, afinal, pode-se distinguir entre exasperação e tensão? Proponho dois critérios. Pergunte-se, em primeiro lugar: você está crescendo com tal elemento? Se a resposta for afirmativa, o que está vivendo se chama tensão necessária; se, em vez disso, não resulta em aprimoramento, mas apenas acarreta angústia, é um foco de aflição deletério.

O segundo critério é o seguinte: caso a questão o impeça de ser feliz, constitui estresse, e não uma tensão saudável. A título de exemplo, a incumbência de apresentar, todos os dias, um programa de rádio com três horas de duração e sem convidados gera tensão. Contudo, essa inquietação me ajuda a criar um bom programa, o que é definitivamente uma fonte de felicidade para mim. Por outro lado, quando tive que discutir com a administração, que se opunha a tópicos nos quais eu acreditava, experimentei tão somente irritação, e me custou manter meu nível de felicidade.

Uma vida repleta de tensão é compatível com a felicidade em grau profundo. Já uma existência cheia de exasperação e estresse não é, em hipótese alguma.

CAPÍTULO 25

TUDO TEM UM PREÇO — SAIBA QUAL

"NÃO EXISTE ALMOÇO GRÁTIS"

Laureado com o Prêmio Nobel de Economia em 1976, Milton Friedman certa vez foi questionado se seria capaz de resumir a essência da economia em uma só frase. "Não existe almoço grátis" — ele respondeu.

Esse princípio enuncia um bom entendimento da vida como um todo, e não somente sobre economia. *Tudo tem um preço.* No que concerne à felicidade, há três regras relativas a essa lei da vida:

1. Faça as pazes com o fato de que, na vida, absolutamente *tudo* tem um preço.

2. Descubra qual é o preço a pagar por qualquer coisa a que você aspira.

3. Escolha entre arcar com esse custo ou abrir mão do que você deseja.

A menos que se observem essas três regras, a felicidade será inatingível, pois se estará, constantemente, revoltado diante dos preços a pagar por tudo o que se tem e por tudo o que se faz.

CASAR-SE OU NÃO

Um exemplo clássico de como é importante meditar sobre preços a serem pagos diz respeito à questão de se casar ou permanecer solteiro. *Cada alternativa traz grandes vantagens, e cada uma cobra um preço alto.*

Se decidir se manter solteiro, você gozará de muitas vantagens, sendo a mais óbvia a possibilidade de namorar quem bem entender. Além disso, terá mais liberdade para fazer o que quiser quando quiser, não tendo que aturar o mau humor e as idiossincrasias de outra pessoa — e, ainda por cima, não terá ninguém reclamando do seu mau humor e das suas idiossincrasias.

Por outro lado, caso resolva se casar, igualmente usufruirá de benefícios nítidos, o principal sendo contar com um parceiro para a vida. Ao se libertar da cena de encontros e namoros, penetrará a estabilidade e o crescimento que só podem advir do compromisso de longo prazo com outra pessoa.

Não há como conciliar as vantagens de ambas as opções. Um bom casamento pode permitir uma quantidade generosa de liberdade pessoal; contudo, não importa quão livre seja, nenhum enlace matrimonial pode proporcionar a autonomia reservada à vida de solteiro. De modo análogo, é possível ter relacionamentos significativos como solteiro, mas nada que se aproxime da profundidade que um bom casamento alcança.

Um problema comum no que tange ao casamento, como a várias áreas da vida, é que pessoas demais querem as vantagens tanto de serem casadas quanto de serem solteiras, recusando-se a pagar o preço da opção que fizeram. Esses indivíduos — normalmente homens — aspiram à segurança, aos laços de amor e à família que resultam do matrimônio e, junto disso, à autonomia e à liberdade sexual que caracterizam a vida de solteiro.

É preciso ter maturidade para reconhecer que se está diante de fatores irreconciliáveis. Não há maneira de evitar que se arque com os ônus de qualquer uma das escolhas. Pessoas sábias vão ponderar as vantagens de ser casado e de ser solteiro, levando em conta as necessidades, os valores e a natureza próprios, e tomarão uma decisão. Tão logo decidam, não passarão seu tempo se arrependendo dos custos que lhes cabe honrar.

Para usar minha própria vida como ilustração, por muito tempo amei a liberdade de ser solteiro... Não me casei até a idade de 32 anos. Mas sempre soube que o faria. Em primeiro lugar, eu queria filhos e sempre acreditei ser errado tê-los fora do casamento, pois crianças merecem começar a vida com o pai e a mãe sob o mesmo teto. Em segundo, conhecia-me o suficiente para saber que, caso permanecesse solteiro, nem de perto cresceria tanto quanto ao me ver casado. Conforme a maravilhosa descrição de George Gilder acerca do homem solteiro, sem dúvida eu levaria a vida de um "nômade nu". Vagaria de mulher em mulher, de cama em cama, percorrendo uma jornada de excitação sensual.

Quando finalmente desposei alguém, eu o fiz depois de contrabalançar os preços a pagar por permanecer solteiro e, também, por contrair núpcias. Ter me casado após uma análise racional sobre os ônus de cada alternativa pode soar, para alguns, como o oposto do romantismo. Ainda assim, adquirir uma consciência sóbria acerca dos custos a honrar acarreta chances mais expressivas de conduzir o relacionamento a um amor duradouro do que celebrar uma união motivado, sobretudo, por sentimentos de natureza romântica. Isso porque todo enlace matrimonial é marcado por períodos de maior ou menor afeto, de maior ou menor paixão. Então, durante os momentos em que essas sensações esmaecem, as faculdades racionais lembram por que escolhemos abandonar o celibato.

De outro lado, tenho dois amigos próximos, do sexo masculino, que preferiram permanecer solteiros — e reconhecem os preços a pagar por essa opção. Respeitam profundamente a instituição do casamento, todavia, ambos se conhecem e avaliaram que, *para eles*, os preços de se casar são muito altos.

Grande parte dos solteiros às vezes observa aquelas pessoas com uniões felizes e se pergunta se fez a escolha certa. Da mesma forma, quem se casou olha para os solteiros e se questiona, vez ou outra, se tomou a decisão correta. Isso é natural! Quem é casado precisa reconhecer que desejar em alguns momentos ser solteiro é inteiramente normal e compatível com um bom matrimônio.

Quer opte por casar-se, quer prefira ficar solteiro, ao indivíduo importa conhecer os preços pertinentes a cada situação. Isso o torna capaz de pagá-los — como cedo ou tarde lhe caberá — com muito mais aceitação e muito menos raiva.

TER OU NÃO TER FILHOS

Gerar um filho é outro exemplo de decisão que deve ser tomada com a maior consciência possível dos ônus envolvidos. Adentrar o matrimônio sem considerar devidamente os pormenores de ser casado é muito menos grave do que assumir a responsabilidade de ser pai ou mãe sem estar ciente das questões impostas por essa escolha. Casamentos, afinal, podem ser extintos, e cada qual pode seguir suas vidas após o divórcio. Paternidade e maternidade, entretanto, não se dissolvem; filhos não podem simplesmente "virar a página" caso um genitor os abandone.

Não é difícil entender por que conceber crianças é o ato mais prazeroso e livre de obstáculos possível: a natureza visa à perpetuação das espécies. Porém, ela não cuida, nem por um átimo, da felicidade individual dos membros de cada espécie. A facilidade com que se gera um ser humano tem sido dramática para um número incalculável de pessoas. Gente demais se torna pai ou mãe em decorrência apenas do prazer sexual, e não como resultado de uma avaliação profunda a respeito das implicações da paternidade, tampouco das consequências de dado ato sexual. Como meu pai dizia sempre: "Você precisa de uma licença para vender *pretzels*, mas qualquer abestalhado pode ter um filho".

Enormes são os preços a pagar por ter filhos, tal como são imensos os custos inerentes à opção de não os ter. Esses ônus devem ser mensurados com um cuidado maior do que o dispensado a qualquer outra decisão na vida. Seja qual for a escolha, os preços a pagar em cada alternativa são exorbitantes. É por isso que nunca procurei convencer ninguém a ter filhos, embora tenha tentado incentivar muita gente, especialmente os homens, ao matrimônio.

Pelo bem da sociedade e pelo bem dos indivíduos, a grande maioria da humanidade deveria se casar. Mas, pelo bem da sociedade e pelo bem dos indivíduos envolvidos, muitas pessoas jamais deveriam ser pais.

PREÇOS A PAGAR POR TER FILHOS

Os preços a pagar por ter descendentes são discutidos no capítulo 14, sobre família. Contudo, enuncio-os brevemente na lista abaixo.

1. Filhos trazem grandes desafios a qualquer casamento, não importa quão bons sejam eles ou o enlace conjugal.

2. Filhos restringem fortemente a liberdade pessoal dos pais.

3. Filhos impedem que o casal aproveite muitos momentos de intimidade de que usufruiria na ausência deles.

4. Filhos reduzem bastante o tempo de que os pais disporiam para se dedicar aos próprios interesses.

5. Filhos tornam os pais permanentemente vulneráveis. A partir do instante em que uma criança adentra sua vida, você nota como passou a ser vulnerável... As dores deles são muito maiores do que as suas. É inescapável se preocupar com a felicidade dos filhos e com suas mágoas, bem como com a saúde, a inteligência, o sucesso e os amigos deles. Há inquietação, também, em relação a quem desposarão e, é claro, à possibilidade de morte prematura da descendência.

6. Filhos custam muito dinheiro.

PREÇOS A PAGAR POR NÃO TER FILHOS

Por outro lado, os preços envolvidos em se privar de filhos também são muito altos; para mim, extraordinários, e é por isso que escolhi me tornar pai. Quem não os tem não vivencia as oportunidades a seguir.

1. Doar amor às crianças. Aqueles dotados de muito amor não encontrarão ninguém mais carente de amor que elas.

2. Receber o amor de um filho. Voltar ao lar e encontrar uma criança que corre em direção a você com um

abraço é uma das experiências emocionais mais marcantes que existem.

3. Viver a paternidade ou a maternidade, que são dois professores incomparáveis sobre a vida e as pessoas.

4. Proporcionar a um filho aquilo que você talvez não tenha recebido de um ou de ambos os pais quando era criança. Muitas pessoas da minha geração, por exemplo, cresceram em uma época quando pouquíssimos homens se manifestavam afetivamente no tocante aos filhos do sexo masculino. Expressar amor pela prole, portanto, afigura-se uma oportunidade para que esses homens preencham aquela lacuna emocional.

5. Criar e experimentar, como adulto, a vida em família.

6. Ter netos.

7. Transmitir, a outra geração, religião e valores — embora isso possa ser legado a crianças e jovens que não sejam os próprios filhos.

Sem descendentes, você arca com os custos de não usufruir de nada disso. Nesse sentido, quando as coisas ficam difíceis com algum dos meus filhos, procuro me lembrar de que escolhi deliberadamente ser pai, ciente dos preços altos que pagaria.

Ao nos recordarmos de que conhecíamos previamente o ônus de determinada atitude e, mesmo assim, resolvemos aceitá-lo, colocamo-nos numa posição muito melhor para conviver com os problemas da vida.

ESSA REGRA SE APLICA A TUDO

A abrangência da regra de que *tudo* tem um preço provavelmente não é exagerada. Logo, é muito triste que a maioria das pessoas não a analise com regularidade. Esclareçamos: essa regra se aplica a *toda ação* realizada. Se porventura você cogitar que não há preço a pagar por alguma decisão que tomou, *é porque não refletiu devidamente a respeito.*

Algumas pessoas talvez achem deprimente a recomendação de sempre se indagar: "Que preço eu pago?". Não é deprimente de modo algum! Na verdade, essa providência aumenta imensamente a felicidade. Primeiramente, é de grande ajuda ao evitar possível decepção a ser causada por um choque posterior, quando você efetivamente percebesse os custos envolvidos. Em segundo lugar, essa regra esclarece que, *qualquer que fosse a opção que você escolhesse, também haveria um preço*, muito possivelmente mais alto.

Reconhecer que há um preço atrelado a tudo o que você *faz* — ou escolhe não fazer — não é mais deprimente do que saber que é preciso pagar certo montante por tudo o que você *compra*. Quanto mais se perguntar "qual é o preço?", mais bem-capacitado estará para lidar com os desafios da vida.

Uma vez que essa regra se aplica a tudo o que se faz, uma boa ideia é praticar por alguns dias, mesmo com questões aparentemente triviais. Eis um exemplo bobo, mas real. "Caso eu passe fio dental nos meus dentes com frequência, o ônus é gastar meu tempo fazendo algo realmente chato e não poder deitar meu corpo cansado sobre a cama tão depressa quanto possível. Por outro lado, se não fizer uso dele regularmente, posso vir a ter periodontite e perder meus dentes. Qual preço prefiro pagar?"

Eis um outro exemplo. "Se eu assistir a umas horas de televisão hoje à noite, vou apreciar e relaxar. Por outro lado, provavelmente já na manhã seguinte, esquecerei tudo o que vi e posso ter a sensação de que as horas investidas não valeram a pena. Ademais, não terei empregado aquele tempo interagindo com um filho, o cônjuge, um amigo ou outro ser humano, tampouco lendo um bom artigo ou livro e escrevendo alguma coisa."

Por fim, destaco que, ao se escolher uma carreira, a questão dos preços é essencial, embora muitas pessoas não a formulem. Em vez disso, optam por ver apenas o lado positivo da profissão, quase sempre considerando somente os benefícios financeiros e glamorosos. Por exemplo, nos Estados Unidos, hoje em dia, há grande apelo em buscar uma carreira na advocacia — a julgar pelo índice de matrículas nas faculdades de direito, disseram-me, todos os americanos serão advogados em 2076.

No entanto, com base no número de pessoas que, mais tarde, deixam de praticar a advocacia, parece que muitos que decidem se tornar advogados não confrontam as principais perguntas que alguém deve formular sobre a carreira: "Vou gostar? Essa profissão trará sentido para a minha vida?". (Gostar do trabalho e encontrar propósito nele são maneiras de aumentar a felicidade, conforme se vê no capítulo 10.)

Qualquer que seja a linha de atuação eleita, ela tem um preço. O número de horas que você dedica ao trabalho cobra um preço. A mesma regra vale para o número de filhos que tiver. Há ônus em possuir uma casa, bem como em residir num apartamento; em fixar-se seja na cidade, seja no interior. Existem implicações decorrentes de se vincular a uma religião e outras ligadas à vida secular. Morar perto dos pais acarreta custos; mudar-se para uma cidade distante, também.

A lista dos preços é tão longa como a das atividades que realizamos, porque cada uma delas cobra um pagamento. Nesse ponto, afinal, como em qualquer área da vida, felicidade exige tanto clareza, a fim de determinar quais são os preços, quanto maturidade, para resolver o que fazer e, então, não se queixar — ao menos, não muito.

CAPÍTULO 26

ACEITE OS ASPECTOS INFERIORES DA SUA NATUREZA

NOSSOS TRAÇOS INFERIORES NOS TORNAM HUMANOS — E POTENCIALMENTE GRANDIOSOS

Todo mundo tem aspectos desprezíveis. Possuímos tendências à maldade, ao egoísmo, à inveja, à crueldade, à gula, à desonestidade, à luxúria, à avareza, à irresponsabilidade e ao hedonismo. Poucos entre nós apresentam todas essas inclinações, mas cada um carrega algumas delas. Na verdade, mesmo as melhores pessoas têm propensão a quase todos esses traços negativos, porque um grande caráter é definido pela luta contra as piores partes de nossa natureza, e não pela ausência delas.

Eis o ponto mais importante a compreender no que se refere a nossos pendores mais básicos: não apenas é normal e natural tê-los, mas também *não há nada errado* nisso. Ruim é *fazer* o mal, e não *pensar* maldades — embora existam exceções, abordadas no próximo capítulo. Com efeito, tão somente ter más *tendências* não equivale a ser mau.

Quando ingressei na adolescência, com frequência via-me desnorteado pelas partes detestáveis da minha própria natureza. Mesmo com todo o treino religioso e moral a que havia sido submetido, eu não sabia o que fazer com meu lado obscuro. Perguntava-me como uma alma amável como eu (!) poderia ter tais tendências. Levou um tempo para que eu incorporasse o cerne do ensinamento religioso que recebera sobre os feitos, e não os pensamentos, determinarem a decência de alguém. Quando enfim o introjetei, pude fazer as pazes com minhas características sombrias, eventualmente entender por que abrigava cada uma delas e, assim, aprender a contorná-las.

As únicas pessoas que não apresentam más inclinações estão mortas, de modo seja literal, seja figurativo. Estar inteiramente vivo — ou melhor, ser inteiramente humano — significa ter propensões sombrias. Entre outros aspectos da nossa natureza, elas nos fazem eminentemente humanos e forjam nosso caráter e nossas paixões.

As partes baixas e ruins da natureza humana não são de todo desagradáveis; elas também podem ser benéficas.

Considere o seguinte: entre duas pessoas fiéis, você preferiria se casar com uma de pouco desejo ou com outra de índole voluptuosa, mas capaz de controlá-la? A maioria de nós preferiria a última opção, pois denota alguém mais vivo tanto quanto mais moral — afinal de contas, não há nenhuma virtude em não agir mediante certo impulso quando ele inexiste.

É por isso que indivíduos com temperamento apaixonado, até selvagem, são, geralmente, mais interessantes e desejáveis, especialmente para o sexo oposto. Infelizmente, no entanto, muita gente presume, de modo equivocado, mas frequente, que quem controla suas paixões básicas não as possui. Inúmeras mulheres, por exemplo, veem-se repetidamente atraídas por homens que não dominam seu caráter impetuoso — e são reiteradamente magoadas por eles —, enquanto rejeitam aqueles que refreiam a si mesmos e seu ardor. Erroneamente, tomam esses últimos como menos excitantes. Esse fenômeno é chamado de "os cafajestes sempre ficam com a garota".

Como alguém religioso, fico acabrunhado quando pessoas de semelhante inclinação ensinam que ter pensamentos e desejos primários é pecado, quando não apregoam que é isso tão pecaminoso quanto agir em função desses impulsos. Embora uma mente pura possa ser um santo ideal, para o resto de nós, mortais, coibir nosso comportamento já é um feito suficientemente grande.

Um dos telefonemas mais comoventes que recebi no

meu programa de rádio veio de um homem de meia idade o qual me contou que, já por dez anos, era o único suporte financeiro e emocional de sua mãe doente. Amava-a muito, segundo relatou; todavia, o fardo era tão pesado que, às vezes, ele desejava que ela sucumbisse à doença e morresse. Disse-me que estava dilacerado por causa da culpa e se sentia um péssimo filho.

Respondi que ele não era um péssimo filho, mas, sim, um filho magnífico. Os pensamentos que lhe ocorriam eram normais e compreensíveis, e seu comportamento, afinal de contas, era exemplar. Ele estava muito mais próximo de ser um filho modelo do que um mau filho.

Nenhum de nós leva a termo todas as coisas boas que fazemos sem algum grau de ambivalência. Pais, certamente, sabem disso. Por acaso acordam no meio da noite a fim de acalmar um bebê chorando sem que lhes aflore nenhuma irritação no tocante àquela criança? E o que dizer a respeito de todo o tempo e todo o dinheiro gastos na educação de um filho, privando-se de férias extremamente ansiadas, entre outras coisas? Porventura é errado que se julguem, vez ou outra, sobrecarregados pelo filho? Em vez de sentirem culpa por esses pensamentos, tais pais devem se sentir orgulhosos por não agirem em função deles.

DOIS EXTREMOS:
SUPRIMIR SEMPRE E EXPRESSAR SEMPRE

Em relação aos nossos impulsos mais elementares, noto que muitas pessoas adotam um dos dois extremos: constantemente os suprimem ou constantemente agem em função deles.

Como aqueles que querem ser bons por vezes creem que suas inclinações inferiores são pecaminosas, temem que fazer as pazes com elas resulte em agir em função delas. Segundo essa perspectiva, é melhor tolhê-las. De outro lado, especialmente em nossa época, atitude oposta se impôs. Muita gente não apenas não reprime as tendências negativas, mas sente que é autodestrutivo não as expressar de forma verbal e, frequentemente, comportamental.

No que tange à expressão verbal, trata-se de uma evolução, em regra, saudável — desde que as palavras sejam dirigidas às pessoas adequadas. Uma mãe deve ser capaz de dizer ao marido ou a uma amiga íntima que está em vias de enlouquecer por se levantar quatro vezes por noite para confortar seu bebê com cólicas. O homem que ligou para meu programa de rádio deve poder confessar a alguém seu desejo ocasional de que sua mãe sucumba à doença. Contudo, manifestações desse tipo comportam uma ressalva fundamental: àquela mãe não compete exprimir suas sensações à criança indefesa, bem como ao homem não cabe expor tais pensamentos à própria mãe.

Por outro lado, demonstrações comportamentais dos

sentimentos sombrios mais básicos quase nunca são aceitáveis. Em nenhum dos dois exemplos citados, é razoável que os protagonistas *se comportem* conforme lhes dita, ora ou outra, sua intimidade. Se a mãe agisse em função do cansaço extremo, poderia maltratar a criança — praticamente todos os pais passam a entender como o abuso infantil, de fato, pode ocorrer. Caso o homem que me telefonou procedesse de acordo com seus impulsos reprimidos, talvez cometesse assassinato. De fato, o movimento contemporâneo no mundo ocidental para legalizar o suicídio assistido por médico constitui, em parte, uma campanha de filhos adultos atuando a partir do próprio desejo de que os pais gravemente doentes faleçam.

Com frequência, avaliamos que a vida moral e a vida psicologicamente salutar são conflitantes entre si, porque a primeira demanda supressão, e a segunda, expressão. Isso não é verdade. Não apenas podemos ser saudáveis em âmbito tanto moral como psicológico como também, no seu auge, esses dois aspectos são complementares. Geralmente, de posse de saúde psicológica, a pessoa se mostra mais propensa a atuar conforme princípios morais, muito embora não haja certezas nessa arena. De modo recíproco, tornamo-nos psicologicamente mais saudáveis à medida que cresce nossa habilidade de nos controlar.

No âmago de uma vida moral está a capacidade de identificar nossas partes obscuras e, assim, coibi-las. No cerne da conquista da saúde psicológica e da felicidade está o aprendizado de reconhecer essas partes e miná-las. A partir de então, é possível descobrir como expressar os traços não admiráveis de maneira inofensiva, o que é assunto do próximo capítulo.

CAPÍTULO 27

PERMITA A EXPRESSÃO INOFENSIVA DE CARACTERÍSTI-CAS INFERIORES

ENQUANTO TIVERMOS IMPULSOS e sentimentos negativos e obscuros, mas não agirmos em função deles, tais elementos não nos impedirão de ter uma vida boa e feliz. Essa afirmativa requer mais explicações.

PENSAMENTOS INFERIORES
VERSUS PENSAMENTOS MAUS

Deve-se distinguir entre *inferiores* e *malignos* no tocante a pensamentos tanto quanto a comportamentos. Quando escrevo sobre religião, faço essa distinção, em termos mais precisos, entre os *imorais* — os quais são maus — e os *impuros* — que são inferiores, mas não necessariamente maus. O imoral e o impuro, portanto, não são equivalentes, mesmo que muitas pessoas pensem que sim. Todos os atos imorais — ou seja, atos que machucam um inocente de modo deliberado — são, também, impuros; contudo, nem todo ato impuro é imoral.

Um ato impuro viola os códigos do que é sublime, sagrado, mas não necessariamente os princípios morais. Cito dois exemplos. Um homem ver fotos pornográficas é um ato impuro, porém, não é imoral, a não ser em uma ou mais das seguintes instâncias: 1) caso tenha razão para acreditar que as modelos foram enganadas ou coagidas a posar; 2) se porventura olhar para as imagens o desviar do amor pela esposa; ou 3) na hipótese mais perversa, caso retratem crianças. Pensando em um evento menos carregado emocionalmente, alguém que coma com a cara enfiada numa tigela cheia de comida não age de maneira imoral, conquanto seja nítido que se alimenta de forma impura, degradante.

Para entender melhor a diferença entre pensamentos menos elevados e os que são maus, voltemos ao depoimento daquele ouvinte que, segundo relato no capítulo anterior, de vez em quando chegava a desejar que sua mãe debilitada morresse. Pensamentos do gênero, obviamente, não são nobres nem puros. Contudo, tampouco são malévolos.

Poderiam ser caracterizados desse modo caso dissessem respeito ao filho matando a mãe. Porém, ele jamais tencionou isso; fantasiava o falecimento dela como consequência natural da enfermidade. Embora não seja uma cogitação nobre, por certo não é maligna; é, tão somente, inferior.

PENSAMENTOS E SENTIMENTOS INFERIORES

No que concerne à felicidade, pensamentos indignos não são um problema, via de regra — ao contrário dos maus. A fim de abolir todos os de natureza inferior, você teria de ser mais que uma boa pessoa; teria que *deixar de ser* uma pessoa e tornar-se um anjo. Afinal, apenas anjos são isentos de desejos ignóbeis.

Alguns indivíduos profundamente devotos aspiram à abolição de pensamentos inferiores e, assim, procuram evitar contato com muitos aspectos deste mundo impuro. Eles se *retiram* — um termo religioso por excelência — da sociedade, recolhendo-se em mosteiros, casas de ensino, comunidades de fiéis e ambientes similares.

O objetivo de extirpar os pensamentos indignos pela raiz é a base da inquietação religiosa com as questões sexuais. Tal propósito é responsável pela adoção de certas medidas bastante difundidas no seio das principais crenças monoteístas. Entre os muçulmanos, a de que os corpos das mulheres devem ser inteiramente cobertos — sem a visão da carne feminina, pretende-se eliminar as considerações impuras. Em meio aos cristãos, o preceito de que a masturbação é um pecado terrível — o gesto seria a materialização dos sentimentos vis. Quanto aos judeus, muitos se abstêm até de apertar a mão de qualquer pessoa do sexo oposto, exceto seu cônjuge — nenhum contato físico, nenhuma sensação mais baixa.

No extremo oposto, o mundo laico moderno caracteriza-se pela ausência predominante de qualquer conceito de sagrado, portanto, apresenta poucas objeções quanto a pensamentos inferiores. Dessa maneira, por exemplo, painéis publicitários e programas de televisão dotados de conteúdo sexual explícito permeiam a sociedade. Muito se faz para despertar sensações sexuais... Linguagem obscena em público é comum.

Nenhum extremo conduz à felicidade, porque *os dois produzem pessoas preocupadas com impulsos inferiores, em vez de promoverem a libertação deles.* Quem não segura as rédeas dos próprios pensamentos logo se vê dominado pelos incontáveis estímulos sensuais da sociedade moderna. De outro lado, aqueles que passam os anos tentando não se fixar jamais nas coisas impuras se escondem durante boa parte da vida. Acabam por reprimir pensamentos e sentimentos ou, então, tornam-se pessoas que se esforçam para não pensar em dada imagem, mas é isso, exatamente, o que lhes consome.

A chave para a felicidade nesse assunto, assim como em quase todos os outros, é o equilíbrio. Essa virtude só pode ser alcançada ao se reconhecerem nossa natureza animal —

ou inferior — tanto quanto nossa essência divina. Quando Deus declara, em Gênesis, "façamos o homem à nossa imagem, conforme a nossa semelhança" (Gn 1:26), o sujeito *nós* pode ser entendido como o conjunto formado pelo Criador e pelos animais. Isto é: nós, seres humanos, somos feitos à imagem de Deus e à semelhança dos animais — e é um equívoco tentar erradicar qualquer um desses componentes.

Existe lugar para nossa natureza animal, assim como para o que é de cunho divino em nós. Entre as pessoas menos felizes com que deparei estão aquelas que não souberam encontrar espaço para ambas as facetas. Os religiosos que buscam extinguir todos os seus pensamentos inferiores parecem, quase sempre, irreais e mecânicos; já os indivíduos laicos que, constantemente, rendem-se à sua índole inferior tornam-se almas perdidas, viciadas em perseguir o prazer.

Para sermos felizes, devemos preencher a própria alma e, também, fazer as pazes com nossas partes animais — mesmo sem saciá-las.

MAUS PENSAMENTOS E SENTIMENTOS

Embora pensamentos *inferiores* façam parte da vida e seja necessário aceitá-los visando a uma vida feliz, os de natureza má são quase sempre prejudiciais à felicidade e devem ser evitados tanto quanto possível. Para explicar isso, vamos nos reportar ainda outra vez ao homem que, às vezes, almeja que sua mãe sucumba à enfermidade. Como foi observado, ele não cogita matá-la. Porém, caso o fizesse, ele seria, definitivamente, alguém menos feliz. O nível de felicidade se abalaria por causa do sentimento de culpa decorrente das elucubrações assassinas, e também porque cultivar ou remoer ideias violentas e malignas torna o sujeito infeliz.

Todos temos razoável consciência de como pensamentos bons e maus, à sua maneira, refletem-se em nosso estado emocional.[1]

AGIR EM FUNÇÃO DE PENSAMENTOS MAUS

Se *pensamentos* malignos já ajudam a sabotar a felicidade, imagine, então, o efeito devastador dos *comportamentos* com esse teor. (Se por acaso fazer o mal tornasse as pes-

---

1. Todos os pensamentos maldosos são nocivos ao indivíduo, mas nem todos os pensamentos violentos são maldosos ou mesmo prejudiciais. Há diferença entre maldade e violência. Nem sempre um ato de violência é mau — veja-se a polícia, que emprega a força para subjugar criminosos agressivos. Assim, embora toda concepção malévola seja perniciosa, nem todas de caráter violento o são. Judeus europeus que fantasiavam sobre exterminar nazistas durante o Holocausto, na Segunda Guerra Mundial, entregavam-se à aspiração saudável de se libertarem das garras de uma máquina da morte. Em compensação, judeus que, passado o conflito, pensavam de forma recorrente em executar alemães na verdade colaboravam para a própria tristeza. Ademais, como nem todo alemão era nazista, na prática eles alimentavam ideias malignas.

soas mais felizes, a humanidade estaria fadada à autodestruição. A questão não é que ações animadas pela maldade aumentem a felicidade — porque, na verdade, elas a diminuem. O fator em jogo é que realizar o mal provoca *satisfação imediata.*)

Comportamento maligno é aquele que machuca alguém inocente; assim, deve ser evitado sempre, pelo bem de uma vida moral e feliz. Portanto, pouco importa quanto um filho deseja que sua mãe debilitada feneça; não lhe cabe cometer nenhum gesto que porventura apresse aquele desfecho, pois denotaria maldade. Convém que ele faça as pazes com seus sentimentos, contudo, não lhe compete agir de acordo com eles. De modo semelhante, uma esposa pode até almejar que a ex-mulher de seu marido morra — ou, quem sabe, a nova consorte do ex-marido —, porém, ela não tem o direito de infligir males ao alvo de seus devaneios.

Caso as pessoas compreendessem a conexão entre mal e felicidade, haveria montante consideravelmente maior de bondade — e de felicidade — em nosso mundo.

AGIR EM FUNÇÃO DE IMPULSOS INFERIORES: VÍCIO COM MODERAÇÃO

O que fazer, então, com as inclinações inferiores inerentes à natureza de cada um? Em certo sentido, o ser humano pode ser comparado a uma panela de pressão. Caso a pressão que a vida inevitavelmente produz nunca possa ser liberada, nós explodiremos — quer internamente, provocando depressão, quer externamente, resultando em violência. Por outro lado, se sempre nos rendermos aos impulsos menos nobres, levaremos vidas miseráveis, de crescimento nulo e, ainda, terminaremos sozinhos, porque pouquíssimas pessoas amam os egocêntricos.

Assim sendo, apresento argumento favorável à concessão de que nossas tendências menos admiráveis se manifestem em alguma medida ou, para colocar em outras palavras, que possamos lhes permitir relativa expressão por meio do que denomino *vício moderado*. Certa ingestão de álcool, um pouco de tabaco, episódios raros de gasto excessivo, talvez algum jogo de azar, pequena exposição a material sexualmente explícito, determinada dose de televisão a mais... Nenhuma dessas é atitude que enobrece, no entanto, para a maioria das pessoas, são ações que oferecem alívio útil. O problema com todos esses comportamentos é que, com imensa facilidade, podem se transformar em vícios — e, então, constituírem veículos da desventura.

Grande número de pessoas não pode, mesmo moderadamente, envolver-se com algumas ou quaisquer dessas questões. Se você for uma dessas pessoas, identifique as atividades nas quais corre o risco de se viciar e *nunca* participe delas. À semelhança do que se recomenda a um alcoólatra, convém não se iludir e acreditar que é capaz de experimentar só um pouco.

A maioria das pessoas, porém, consegue tomar parte com moderação em algumas ou todas aquelas práticas. Muita gente pode, ocasionalmente, ir a um cassino, estabelecer um limite razoável de dinheiro que está disposta a gastar, aproveitar um pouco de um jogo e parar quando houver perdido a quantia predeterminada. Mas há quem não possa; essas pessoas não devem jamais pisar num cassino.

Muitos são hábeis o suficiente para controlar sua ingestão de álcool. Beberão socialmente ou apreciarão um Martini toda noite sem nenhum efeito viciante. Para outros, não é esse o caso; estes nunca deveriam tomar sequer uma cerveja.

A moderação goza de má fama porque ela soa entediante. Todavia, a verdade é outra. Contanto que seja moderado em seus hábitos e apaixonado pela vida, provavelmente aproveitará muito mais daquilo que ela tem a lhe oferecer. Por certo, bem mais do que se sempre der asas a seus ímpetos ou, no extremo oposto, caso nunca ceda a eles.

Aprender sobre nossos aspectos menos nobres e descobrir como extravasá-los de forma inócua é uma jornada vital para nossa felicidade.

CAPÍTULO 28

PROCURE FAZER O BEM

GENTE EM DEMASIA ESTÁ convencida de que, se há qualquer relação entre bondade e felicidade, ela é inversa. Escrevo assim no intuito de parafrasear as palavras imortais atribuídas ao treinador de beisebol Leo Durocher: "Bons rapazes terminam por último".

É fácil entender por que tanta gente acredita que fazer o bem e ser feliz são atitudes sem ligação entre si ou, quem sabe, antagônicas. Olhamos à nossa volta e vemos pessoas enganando, safando-se e beneficiando-se de ardis e trapaças. Bem antes de Leo Durocher, as pessoas já digladiavam ante o enigma: "Por que pessoas boas sofrem e pessoas más prosperam?".

Não há dúvida de que um ato imoral comumente traz benefícios imediatos. Se fazer o mal nunca trouxesse vantagens, ninguém jamais o faria. As pessoas trapaceiam motivadas exatamente por identificarem ganhos instantâneos naquela empreitada. Mentem, roubam, assassinam e estupram pela mesma razão.

A questão significativa pertinente à relação entre bondade e felicidade diz respeito ao longo prazo: no curso de uma vida inteira, as pessoas boas têm maior probabilidade de serem felizes do que as más? Tenho convicção de que a resposta é sim por dois motivos.

Um é a paz interior. No universo de indivíduos que você conhece, em âmbito pessoal, pense nos que são efetivamente honrados e, depois, naqueles do polo oposto. Membros de qual grupo denotam mais serenidade? Em todas as ocasiões em que lancei esse questionamento diante de uma plateia, a reação foi praticamente unânime. Ou seja, nós consideramos as pessoas boas ao nosso redor como dotadas de paz interior em grau muito maior.

Constatei que isso é verdade tanto por meio da minha experiência particular como com base em estudos, os quais nos trazem a segunda razão por que bondade conduz a maior felicidade. Se você passa a vida enganando os outros, é natural viver na expectativa de que os demais também o enganem. Mentirosos esperam que mintam para eles; traidores presumem que serão traídos; e assim por diante. Isso explica por que o tirano soviético Josef Stálin, um dos piores seres humanos do século xx — período durante o qual a competição para esse título foi grande —, era tão paranoico. Conforme transcorriam os anos, mais e mais alimentava a suspeita de que os outros lhe reservariam tratamento similar ao que ele dispensara a tantos.

Por sua vez, esse quadro de permanente desconfiança revela duas consequências infelizes de se levar uma vida má: a solidão e a falta de amor. O indivíduo mau talvez disponha de dinheiro, poder e fama, mas não de amigos — embora possa ter bajuladores.

De acordo com Albert Speer, o único confidente de Adolf Hitler, o Führer não tinha nenhum amigo e demonstrava emoções humanas apenas quando se relacionava com seu passarinho de estimação. Por acaso isso insinua que Hitler experimentou a dor de forma sequer comparável ao sofrimento sem palavras que ele fez se abater sobre dezenas de milhões de inocentes? É evidente que não! Isso seria impossível. Somente se fosse torturado o dia inteiro, todos os dias, ao longo de um século para começar a sentir o suplício que provocou.

Desse modo, não pretendo afirmar que os maus experimentam, nesta vida, o sofrimento que merecem. Argumento apenas que, em relação às pessoas boas, eles são menos felizes e têm menos paz interior, menos amor e menos amigos — se houver algum. Cercar-se de companhias generosas, receber amor e cultivar amizades são contribuições importantes para a felicidade.

BONDADE E FELICIDADE SÃO CALCADAS NA MESMA VIRTUDE

Talvez o melhor argumento teórico capaz de ilustrar a conexão entre bondade e felicidade seja o seguinte: o pré-requisito fundamental para a conquista de ambas é idêntico; chama-se gratidão. Ninguém pode ser bom sem gratidão, e não há quem possa ser feliz sem gratidão. Esse fato demonstra uma ligação vital entre bondade e felicidade.

Como consequência, ainda que alguém esteja mais interessado em ser feliz do que em ser bom, será compelido a cultivar o ingrediente comum a essas duas virtudes, que é essencial para chegar a elas. Quem começa a tornar-se mais grato visando ser feliz pouco a pouco se transformará numa pessoa melhor, porque a gratidão assegura esse resultado. A propósito, essa é uma razão pela qual acredito que somos projetados para sermos bons, muito embora a natureza humana não seja intrinsecamente boa.[1]

Em suma, a maioria de nós pode verificar, por experiência própria, que as pessoas se tornam mais felizes e alcançam mais paz interior à medida que se convertem em seres melhores. Tome as impressões relativas à sua felicidade

---

1. A natureza humana não é boa nem má; todos temos tendências nas duas direções. Veja minha discussão sobre a natureza humana em *Think a Second Time* [*Pense pela segunda vez*, livro ainda sem tradução no Brasil].

após levar a termo uma ação particularmente boa e as compare com seus sentimentos depois de ter feito algo maldoso. Este é o segredo de quaisquer religiões ou sistemas filosóficos relevantes: quanto mais transcender a si mesmo e ao ego e praticar o bem, de mais paz usufruirá.

O problema é que é preciso sabedoria para compreender isso, e poucos são sábios antes que seja tarde na vida. Pergunte a quem é mais velho se porventura se arrepende de algo. É improvável que manifeste arrependimentos acerca de qualquer das boas realizações que praticou; caso os tenha, a tendência é que lamente o mal cometido.

CAPÍTULO 29

DESENVOLVA O AUTOCONTROLE

DEVERIA SER ÓBVIO QUE, se a natureza humana é o maior obstáculo à felicidade, o maior passo em direção a ela é controlar nossa natureza. Não obstante, quando as pessoas pensam ou escrevem sobre felicidade, o autocontrole é raramente enfatizado.

Existem várias razões para tal. Primeiramente, autocontrole é difícil, e a maior parte das pessoas quer rotas fáceis rumo à felicidade.

Em segundo lugar, *autocontrole* soa desmotivador. Quando se pensa sobre felicidade, geralmente se fazem associações com divertir-se e concretizar ambições. Autocontrole tem conotação oposta a essas coisas; sugere privar-se de diversão e outros objetos de desejo. Dizer *não* para si mesmo não transmite a ideia de um percurso rumo à felicidade que traga ares de realeza.

O terceiro motivo é que autocontrole não "vende". Imagine dois livros em destaque numa livraria: um cujo título fosse *Felicidade: continue dizendo "sim" para si mesmo!*; e no outro se lesse *Felicidade: continue dizendo "não" para si mesmo!*. Qual teria mais chances de vender bem?

Em quarto lugar, o autocontrole vai contra o *Zeitgeist* — o espírito do nosso tempo —, que glorifica a obtenção de tudo o que queremos; como se não bastasse, faz-nos sentir despojados e até fracassados caso não consigamos. Se as posturas religiosas medievais são associadas à abnegação, a posição secular predominante hoje em dia recomenda não negarmos nada a nós mesmos.

Ainda assim, felicidade é *impossível* sem autocontrole. Na verdade, tudo o que queremos é inatingível sem autocontrole. Questione qualquer pessoa que tenha alcançado exatamente o que você ambiciona e encontrará um indivíduo altamente disciplinado. A propósito, o *Wall Street Journal* publicou um artigo a respeito de milionários americanos que não nasceram em famílias ricas no qual se revelou a característica mais comum entre eles: autocontrole.

Caso almeje o sucesso financeiro, você precisa do autocontrole a fim de gastar pouco tempo em coisas divertidas que não contribuem com seu desenvolvimento pessoal e profissional. Se quer filhos felizes e saudáveis, necessita de autocontrole para passar muito tempo com eles — logo, com renúncia de momentos dedicados a outros projetos individuais. Se pretende ter boa forma física, carece de autocontrole no intuito de ingerir menos comida que engorde e menos alimentos deliciosos, além de exercitar-se com regularidade.

Autocontrole proporciona algo mais que é crucial para a felicidade: liberdade. Infelizmente, no entanto, muita gente compreende o valor magnífico que é a liberdade de forma incorreta, definindo-a como *fazer o que bem entender*. Geralmente, contudo, isso se traduz como atender aos apetites do corpo e aos caprichos da natureza humana, dando vazão ao que *eles* querem.

Tal ideia não somente não corresponde ao conceito de liberdade como é mais parecida com o de escravidão. Adictos fazem o que querem e estão entre as pessoas menos livres do mundo. *Liberdade é ser capaz de fazer o que lhe traz felicidade*, aptidão que exige autocontrole constante.

COMO DESENVOLVER O AUTOCONTROLE

Proponho duas diretrizes para desenvolver o autocontrole. A primeira é instituir hábitos que visem a praticá-lo. Somos a tal ponto fruto dos nossos hábitos que, em relação à influência que exercem sobre nós, quase não importa se são construtivos ou destrutivos. Ou seja, caso exercite com frequência o autocontrole, achará difícil prescindir dele; se porventura se acostumar a atitudes preguiçosas, será igualmente penoso abandoná-las.

A segunda recomendação é nunca perder de vista a meta estipulada. Caso permaneça atento a seu objetivo, sempre terá clareza quanto ao que é necessário fazer para alcançá-lo. Desse modo, é menos provável que ceda à sua natureza e obedeça a seus caprichos; em vez disso, será capaz de resistir, cumprindo a rota traçada em seu projeto. Mantendo o prêmio — o alvo eleito — nítido na mente, será mais fácil exercer o autocontrole requerido para atingi-lo. Afinal, é muito difícil exercitar o autocontrole se não há nenhuma recompensa à vista.

Idealmente, convém aderir às duas orientações ao mesmo tempo. Descrevo alguns exemplos a seguir.

Digamos que queira escrever um livro. De maneira constante, mantenha o prêmio em mente — isto é, a felicidade que decorrerá de tê-lo produzido. Assim, será mais provável que pratique o autocontrole necessário para se dedicar regularmente a redigir os originais.

Caso aspire à criação de bons filhos, conserve a recompensa bem à vista — nesse caso, futuros adultos felizes e produtivos — e, junto disso, desenvolva certos hábitos que favoreçam o alcance da meta. Por exemplo, ao educar meus filhos, resolvi que, não importa o que estivesse fazendo, até mesmo escrevendo um livro, eu sempre endereçaria pedidos de atenção por parte deles. Adotei essa conduta por saber que, senão, facilmente eu encontraria bons motivos para não lhes dar atenção. Como em regra considero importante aquilo que me disponho a fazer, desde o início percebi que aguardar um momento desocupado redundaria, na prática, em nunca me levantar quando as crianças chamassem. Como se vê, mantive minha mente fixa no objetivo — criar filhos emocionalmente saudáveis, que tivessem clareza quanto a meu amor por eles — e adotei uma regra de comportamento visando àquele fim, a qual requer autocontrole. Certamente cometi minha cota de erros como pai, mas não responder a um chamado dos filhos não está entre eles.

Reitero o princípio em ação: manter a mente concentrada no alvo a que se mira, de modo a fortalecer o autocontrole durante o percurso, pois é ingrediente fundamental para o êxito. Trata-se, aliás, de mais uma arena que ilustra a importância de eleger a mente — e não os sentimentos imediatos — como responsável por ditar o comportamento, no intuito de que possamos ser felizes.

Certa vez, um homem bastante conhecido confidenciou-me que sua esposa, durante a infância da filha mais nova, sentiu que devia terminar uma série de pinturas. Queria se sentir realizada e, também, aproveitar o prestígio de que seu marido gozava perante o público. Consequentemente, ela não devotou àquela filha, nem de longe, o tempo que passou com os outros filhos. Como resultado, houve nítido prejuízo no crescimento emocional e intelectual da menina naquela época. Se porventura aquela mãe houvesse se guiado pela mente, em vez de se deixar levar pelos sentimentos, provavelmente disporia do autocontrole para adiar a fase de intensa produção por alguns anos, dedicando mais tempo à criança. Ela terminaria, assim, com duas obras de arte admiráveis: uma filha bem-adaptada e uma bela série de pinturas.

Portanto, as regras básicas visando fomentar o autocontrole são: manter metas claras e saber o que é necessário a fim de alcançá-las; e cultivar hábitos essenciais para tal. Lembre-se de jamais perder de vista os objetivos quando for confrontado, cotidianamente, com tentações diversas para que se volte a outras coisas que proporcionariam gratificação imediata.

Talvez valha a pena delinear, por escrito, as suas maiores aspirações e de que maneira podem ser alcançadas. Por exemplo:

— *Almejo ter filhos bons e saudáveis. Para tanto, tomarei as seguintes providências...;*

— *Quero conquistar este diploma. Com isso em mente, farei o seguinte...;*

— *Desejo tocar um instrumento musical. Para realizar esse sonho, farei o seguinte...;*

— *Anseio por um bom casamento. Portanto, porei em prática as seguintes resoluções...;*

— *Ambiciono uma forma física melhor. A fim de obtê-la, farei o seguinte...*

Quando não cumprir o que vem no lugar das reticências, saiba que está sendo regido não pela mente, mas pela sua natureza humana falha.

O único meio de obter o que pretende, definitivamente, é negar, a si mesmo, os prazeres de curto prazo que interferem na conquista de seu objetivo.

CAPÍTULO 30

ENCONTRE E FAÇA AMIGOS

PREVENINDO A SOLIDÃO

A era contemporânea tem subjugado muitas doenças, mas tudo indica que determinado mal da humanidade, com efeito, esteja piorando: a solidão. Nas sociedades mais modernas e abastadas, as pessoas têm feito, gradativamente, menos programas na companhia de amigos ou parentes.

Diversas razões explicam esse fenômeno. Ao usufruir de mais liberdade pessoal e oportunidades do que nunca, muita gente goza de mais mobilidade do que jamais existiu. Não se espera, não como no passado, que os filhos adultos cuidem dos pais; a sociedade assumiu grande parcela dessa atribuição. Mesmo a diversão — até o momento, normalmente um ato social — é cada vez mais possível sem a necessidade sequer de sair de casa, seja assistindo à televisão ou a um filme, seja usando o computador, seja ouvindo música. Diferentemente de antes, as pessoas não participam de tantos clubes, não cantam em tantos corais, tampouco frequentam número tão elevado de espetáculos. Nos grandes centros urbanos, o crime impele muitos cidadãos, principalmente mulheres e idosos, a não saírem de casa depois do anoitecer. Tudo isso denota que, no mundo atual, os indivíduos têm mais propensão de estarem sozinhos.

Há, claro, grandes vantagens na solidão — e ficar só não significa, necessariamente, sentir-se solitário. Apesar disso, o ser humano é um ser social. Não é que meramente *queiramos* companhia; nós *precisamos* dela para sobreviver.

O companheirismo humano em nível profundo é, usualmente, alcançado por meio da família, do casamento e da amizade. De maneira ideal, vivenciamos a intimidade nessas três instâncias. Porém, a boa notícia é que, caso não consiga experimentá-la de todas essas maneiras, qualquer uma delas pode preenchê-lo e propiciar imensa realização.

FAMÍLIA

Nossa primeira experiência de companheirismo intenso se dá nos relacionamentos familiares. Se formos afortunados, estabeleceremos um laço forte com o pai ou com a mãe; se houver ainda mais sorte, criaremos tal elo com ambos, bem como com os irmãos. Podemos, também, ter a chance de formar relações amorosas com a família indireta, como um tio ou uma tia, os avós e os primos.

Entretanto, não importa quão amorosos forem esses laços, a realidade é que eles não mitigam a solidão de forma tão efetiva como o casamento e a amizade, porque a maioria dos relacionamentos familiares está sujeita a certos limites. Quando nos tornamos adultos, passamos menos tempo com pais, avós e tios do que quando éramos crianças. Na verdade, a natureza do relacionamento entre pais e filhos é tal que, caso seja saudável, na idade adulta não conviveremos tanto com os nossos pais. Relações em família são constrangidas quanto ao prazo por outro motivo: à medida que envelhecemos, os parentes das gerações precedentes começam a morrer.

Sem dúvida, nenhuma dessas razões se aplica aos irmãos, e muitas pessoas, de fato, desenvolvem um laço afetivo tenaz com um ou mais deles. Mas a regra não é essa. Desde que Caim matou Abel, irmãos não são conhecidos pela proximidade entre si — mesmo quando se amam mutuamente.

Se iniciarmos a vida com ligações familiares amorosas, nossas chances de felicidade são incalculavelmente incrementadas. É quase impossível superestimar a importância desses laços. No entanto, à proporção que ficamos mais velhos, outros vínculos tendem a prover mais ocasiões de intimidade, pois não são premidos tão severamente pelo tempo: trata-se das relações com nossos pares.

CASAMENTO

Quando é bom, o matrimônio é a forma mais profunda de companheirismo que um ser humano pode experimentar. Há ao menos quatro motivos para tanto.

Primeiramente, apenas o casamento combina as três formas de intimidade existentes: um cônjuge é família, melhor amigo e convívio permanente. Por essa razão, é largamente aceito que, embora a morte de um filho seja a perda mais dolorosa, a de um cônjuge deixa o indivíduo mais desnorteado.

Em segundo lugar, ao contrário dos relacionamentos em família e diferentemente de outras amizades, somente o casamento acrescenta àqueles elementos o sexo. Como se sabe, o enlace sexual é um meio de conectar-se com o outro dotado de uma pujança sem par.

A terceira justificativa distingue a união matrimonial de quaisquer laços familiares. Ao passo que estes são quase sempre assimétricos — pais/filho; irmão mais velho/irmão mais novo —, um bom casamento é uma relação entre iguais.

A quarta explicação também faz o vínculo conjugal se sobressair em face dos de ordem familiar e amigável. Diz respeito à convivência praticamente diária entre marido e esposa. A despeito do conceito de passar momentos de qualidade a dois, fato é que a *quantidade* de tempo é uma vantagem preciosa, a qual favorece vigorosamente a união do casal. De maneira intuitiva, mulheres sabem disso melhor do que homens, razão pela qual geralmente são elas que reivindicam mais horas com o esposo.

Devido ao poder inigualável de preencher nossa carência profunda por companhia, bem como ao aspecto singular de associar todas as formas de intimidade, quase nada é tão gratificante quanto um bom casamento — e pouquíssima coisa é tão desagradável como um mau casamento. Portanto, escolher um cônjuge é uma das duas decisões mais importantes da vida — a outra é se teremos um filho —, e é preciso lançar mão do máximo de sabedoria possível ao tomá-la.

AMIGOS

Amigos ocupam um lugar especial em nossa vida. Se, por um lado, não temos a oportunidade de escolher a família — afinal, estamos presos, pelo bem e pelo mal, àquela que nos foi dada —, por outro, podemos selecionar as amizades. Amigos são as pessoas que elegemos para nos acompanharem ao longo da vida; são nossos companheiros prediletos nesta jornada de sabor agridoce.

Havendo sido abençoado com amigos íntimos desde a infância, como adulto fui tomado de surpresa ao notar quantas pessoas não os têm. A maioria delas tem colegas, no sentido de ter com quem se divertir, jantar e bater papo periodicamente, mas não como sinônimo de vínculos próximos.

Um amigo íntimo é alguém que amamos, em quem confiamos e com quem confidenciamos — sim, um membro da família até pode ser essa companhia. Quando posto nesses termos, compreende-se por que amigos são indispensáveis e por que não são abundantes.

Dada a importância das amizades e reconhecido o fato de que muitas pessoas não têm amigos próximos, percebe-se que uma vida mais feliz requer encontrá-los e cultivá-los. Ainda assim, poucos adultos elegem *fazer amigos* como prioridade. Isso constitui um erro, mas pode ser retificado facilmente. A partir do momento em que se constata como é importante conquistá-los, pode-se começar a trilhar o percurso necessário.

ENCONTRANDO AMIGOS

Se você quer atrair um amigo para a sua vida, é preciso ir em busca de um à semelhança de como se vai à procura de um consorte. Uma vez decidido que queremos nos casar, tratamos de conseguir um par, frequentamos eventos sociais que aumentem nossas chances de deparar com uma alma afim e marcamos encontros no intuito de, tão logo possível, namorar. Deveríamos seguir os mesmos passos para conquistar amigos, com a ressalva de que o sexo do amigo, preferencialmente, seja igual ao nosso (veja seção a seguir).

Todavia, o volume de pessoas que age assim é diminuto. Aqueles que prevalecem dão mais valor a encontrar namorados em vez de amigos ou, então, acreditam que a amizade verdadeira é fruto do acaso — "simplesmente acontece!" —, logo, não demandaria nenhum esforço específico. As duas concepções estão equivocadas.

Em primeiro lugar, porque, para a grande maioria das pessoas, amigos são cruciais para a felicidade (digo *grande maioria* porque conheço um pequeno número de indivíduos, predominantemente da geração dos meus pais, que afirmam fruir toda a amizade de que carecem de seus cônjuges). Em segundo, porque amizades não "simplesmente acontecem", ao menos não mais que casamentos; normalmente, devem ser procuradas, desenvolvidas e cultivadas.

PRIMEIRO, CONHEÇA OS VALORES DOS CANDIDATOS

Uma maneira de encontrar amigos é tornar-se ativo em grupos cujos membros provavelmente partilham de seus princípios em proporção mais alta do que a média geral. Embora a identidade de valores não baste para uma amizade, a relação é impossível sem esse elemento em comum. Na verdade, uma razão pela qual pessoas são magoadas por aqueles que consideram amigos é, com muita frequência, porque os escolhem sem prestar a devida atenção a seus valores.

Tive a prova dramática desse fenômeno por meio de um telefonema ao meu programa de rádio. Uma mulher de 21 anos me ligou para contar que sua amiga havia sido estuprada e assassinada por um homem com quem ela, a interlocutora, mantinha uma relação de amizade. Após a ouvinte me informar do trauma adicional de ter sido ela quem descobrira o corpo da amiga, perguntei-lhe se porventura, em retrospecto, ficara chocada com a conduta do sujeito. Confidenciou-me, então, que a tal ponto tinha se traumatizado que não estava mais saindo com homens. Se um daqueles que ela considerava fora capaz de tal coisa, como poderia jamais saber em qual outro confiar?

Depois de lhe assegurar que praticamente todo homem ficaria tão horrorizado quanto ela pelo que aquele sujeito fizera, tentei lhe responder a interrogação proposta. Disse que eu era bem-aventurado por me espantar muito raramente com o comportamento dos amigos. Por que motivo? Eu conheço os valores deles. Em seguida, indaguei se os do então amigo e ora assassino lhe eram claros.

"O que quer dizer com *valores*?" — retrucou ela. Minha interlocutora não fazia ideia do que eu estava falando.

Recomendo uma regra simples, de grande valia, para identificar pessoas em quem confiar: não escolha amigos com base unicamente na personalidade, na "química" ou no desfrute ao seu lado. Ao avaliar um aspirante ao posto, antes de lhe depositar confiança, procure conhecer seu caráter, ou seja, os princípios que professa e se por acaso os observa ao se portar pelo mundo. A ouvinte que me ligou confiara em alguém sem ter a mínima noção acerca de seus valores.

Muita gente desconhece o que é caro aos amigos, e essa é uma das razões categóricas pelas quais com frequência se magoam e se decepcionam com eles. Quem ignora o caráter e os valores ao selecionar amizades candidata-se a enorme desapontamento.

Uma maneira de apurar se elegeu os amigos com sabedoria é perguntar-se por que mantém esse elo com aqueles indivíduos. Caso responda apenas que gosta deles e sua companhia é divertida — por certo, componentes importantes numa amizade —, provavelmente não houve a devida apreciação de seus valores. Teste também este método: que argumentação apresentaria a quem nunca encontrou seus amigos com o intuito de provar que são boas pessoas?

UM GUIA PARA AFERIR VALORES ALHEIOS

Já que identificar o caráter é tão importante para estabelecer amizades, como fazer isso? Como determinar se dada pessoa é honrada?

Não existe método infalível para averiguar o caráter. Se houvesse, agências de inteligência em democracias erradicariam espiões de seu seio, empregadores nunca seriam enganados pelos empregados e não haveria nenhum integrante corrupto nas forças policiais. Todavia, três parâmetros podem ajudar.

1. É fundamental que você mesmo tenha bons valores e seja capaz de identificá-los e articulá-los. Obviamente, é impossível aferir o sistema de valores de outras pessoas se porventura ignora o seu próprio.

Esse é um exemplo da correlação entre bondade e felicidade. Boas pessoas atraem semelhantes para perto de si, e gente assim suscita felicidade. Quem trazemos para nossa vida é, de alguma maneira, espelho de nós mesmos — e, como ocorre diante de qualquer espelho, o reflexo que vemos pode, por vezes, causar transtorno. Caso constate que, repetidamente, angaria indivíduos inescrupulosos, cabe refletir: ou falta algo em seu próprio caráter ou sua boa índole tem sido traída por uma conjuntura emocional perturbada.

2. Uma vez claros os seus valores, tente identificar quais são professados por aqueles que considera como amigos. Converse com eles sobre assuntos densos, de cunho tanto particular quanto geral.

Esses tópicos quase sempre revelam algo a respeito das preocupações, dos princípios e do caráter. Você pode descobrir se têm um coração generoso ou frio, se são movidos por algo mais que sucesso pessoal, se há amor em suas vidas, se são intolerantes, entre outras possibilidades.

3. Preste máxima atenção a como esses amigos em potencial se dirigem aos demais ao redor, especialmente às pessoas de quem não precisam, tanto quanto ao modo como agem com você. Observe, por exemplo, o tom que dispensam a garçons e atendentes. Tratam-nos como inferiores a serem ordenados ou com polidez e generosidade?

Os empregados de alguém ou o zelador em seu local de trabalho podem, com frequência, dizer mais a respeito dos valores de um indivíduo que seu chefe ou seus amigos. Garçonetes às vezes sabem mais sobre a índole de alguém em dez minutos do que seus conhecidos de longa data.

Isso porque as pessoas sempre tratam as outras com dignidade quando querem alguma coisa delas, desde dinheiro a sexo ou casamento, entre muitos exemplos, até amizade. Que alguém se comporte bem em relação a você pode, assim, não revelar nada sobre o caráter desse indivíduo e, por conseguinte, não dar nenhuma indicação sobre a maneira como ele agirá mais tarde, em outras circunstâncias.

POR QUE CONVÉM QUE OS AMIGOS ÍNTIMOS SEJAM DO MESMO SEXO

Até o momento, limitamos nossa busca por amigos a pessoas de bom caráter — não anjos. Também sugiro restringirmos a seleção a indivíduos do mesmo sexo. Embora seja claramente possível para heterossexuais ter amigos íntimos do sexo oposto, é melhor procurar companheiros do mesmo sexo. Amizades realmente próximas com membros do sexo oposto tendem a não durar.

Um motivo é que, cedo ou tarde, provavelmente cada qual se casará com outro alguém, e os respectivos cônjuges passarão a ser as melhores amizades do sexo oposto para cada um. Assim, a intensidade daquela relação de amizade será, obrigatoriamente, reduzida em grande medida. É improvável que o marido ou a esposa tolerem um relacionamento íntimo permanente de seu cônjuge com outra pessoa do sexo oposto, mesmo se não houver nenhuma atração — que dirá relações sexuais — entre os dois amigos. Além do mais, como não é apenas o ato sexual que confere intimidade a um relacionamento, o cônjuge tem todo o direito de esperar ser a única amizade verdadeiramente íntima do sexo oposto.

Todas as formas de intimidade com outros podem ameaçar um casamento. Pergunte a uma mulher como ela se sentiria se o marido tivesse conversas íntimas frequentes com outra mulher, ainda que sem nenhum contato sexual; pergunte a um homem como ele reagiria se sua esposa jantasse regularmente com outro homem, mesmo que não houvesse nenhuma conotação sexual entre estes dois.

Por outro lado, nenhum desses conflitos acomete amigos do mesmo sexo. Via de regra, a relação pode continuar sem esses obstáculos depois que cada qual se casa. Poucas esposas se incomodam com o marido por manter sua principal amizade da época de solteiro, e muitas acham encantador. O comentário também é válido para as mulheres que, uma vez unidas a um homem, retêm suas amigas íntimas.

A segunda razão para buscar amigos do mesmo sexo é que, salvo raras exceções, a compreensão de homens sobre o universo masculino é maior do que aquilo que entendem sobre as mulheres, e estas compreendem melhor o mundo feminino em comparação com o que sabem sobre os homens. Por causa dessa facilidade e da ausência de tensão sexual, a maioria de nós se sente mais livre para se abrir com pessoas do nosso sexo. E amizade, afinal de contas, consiste sobretudo em compreensão e abertura mútuas. (Incidentalmente, eis um dos maiores desafios no casamento: fazer do cônjuge, embora seja alguém do sexo oposto, a principal amizade e a pessoa com quem mais se confidenciar.)

O terceiro problema é o que se convencionou chamar de amizades platônicas. Essa situação ocorre muitas vezes e se caracteriza pelo fato de uma das partes em amizades homem/mulher desejar que o relacionamento passe a outro estágio. Em repetidas ocasiões, soube de relatos assim, nos quais um dos amigos ficou perplexo ao descobrir que era alvo de anseios românticos ou sexuais nutridos pelo outro — em alguns casos, durante anos.

Seja como for, convém considerar que aquilo que começa como amizade platônica entre um homem e uma mulher pode, com facilidade, levar ao desenvolvimento de desejos maiores, seja de modo recíproco, seja da parte de um dos dois. Aliás, inúmeros casamentos advêm de laços que se iniciaram como amizades desprovidas de qualquer conotação sexual, tampouco romântica. Isso não é peculiar. Muito pelo contrário, se um homem e uma mulher confidenciam um com outro e se amam mutuamente — como amigos deveriam —, não é surpreendente que a atração erótica aconteça.

MANTENDO AMIGOS

PERDOE AS FALHAS

Talvez a regra mais importante para manter amizades seja esta: se são pessoas honradas e têm sido leais, *perdoe suas falhas*. Todo amigo comente faltas, porque todos os seres humanos são falhos. Amigos infalíveis, isto é, aqueles que nunca reclamam, são sempre amorosos, jamais estão de mau humor, são fixados em nós e nunca nos desapontam, são conhecidos como animais de estimação. Consequentemente, quem é intolerante com os deslizes dos amigos acaba sem eles ou tem, nos animais, seus companheiros mais próximos.

Isso não significa que, não importa como seus amigos o tratem, sempre caiba perdoá-los. Tampouco implica a obrigação de manter todas as amizades possíveis. Existem circunstâncias em que elas devem ser terminadas. Contudo, encerrar uma relação íntima desse teor pode se assemelhar a um divórcio em termos de dor, portanto, é um passo que só convém dar após cuidadosa reflexão.

Isso posto, compete indagar: afinal, quando uma mágoa impõe o fim de uma amizade? Proponho que somente haja resposta depois de deliberar sobre os pontos abaixo e efetuar o julgamento com base em dois critérios.

1. *O histórico do amigo*

Cada um de nós estabelece, durante a vida, uma espécie de conta bancária de ordem moral. No curso da nossa existência, os atos de decência e integridade são como os depósitos, e as atitudes indecorosas e desonestas representam os saques. Aqueles com grandes saldos em suas contas fazem jus ao benefício da dúvida, em qualquer questão obscura que surja, e merecem perdão quando efetuam uma retirada, ou seja, ao se portarem mal conosco. Lamentavelmente, entre muitos traços infelizes da natureza humana está a relutância em analisar as contas morais dos outros com acurácia. Somos inclinados a nos lembrar de forma muito mais persistente dos débitos — leia-se: do mal perpetrado pelas pessoas, principalmente contra nós — em comparação com as memórias que temos dos créditos, isto é, do bem que realizam, mesmo em nosso favor. Se agirmos dessa maneira com nossas amizades, eventualmente acabaremos abdicando de todas elas.

2. *As motivações do amigo*

Ao avaliar se determinado ato que nos feriu justifica a ruptura da amizade, outro parâmetro é estabelecer o motivo daquele gesto. Especificamente: teve conotação maldosa? Em regra, defendo que, ao lidar com qualquer espécie de relacionamento, convém terminá-lo se a outra parte demonstra maldade. Não existe razão para admitir uma atitude maliciosa. Aliás, não precisamos de inimigos caso nossos amigos sejam malévolos conosco. Por outro lado, os demais comportamentos dolorosos devem ser tolerados — como aqueles movidos por confusão, mágoa ou raiva —, mas jamais quando inspirados por maldade ou falta de hombridade. Naquelas situações, cabe preservar a amizade. Afinal, não se colhem amigos em árvores.[1]

NÃO SOBRECARREGUE OS AMIGOS COM CULPA

Quando amigos fazem coisas que desagradam, até as que magoam, desde que não sejam maldosas, não os sobrecarregue incitando sentimento de culpa. Caso necessário — e quem sabe não o seja, já que todos têm traços que nos incomodam —, diga que ficou chateado e siga em frente.

Eis um exemplo pessoal esclarecedor. Adoro boas conversas, especialmente com amigos, mas não aprecio falar ao telefone. Ocorre que alguns deles adoram. De modo admirável, meus amigos com essa predileção jamais me incutiram sentimento de culpa por nunca ligar para eles; a bem

---

1. A preocupação com as motivações se aplica apenas ao círculo íntimo. No que se refere aos estranhos — ou seja, quase todo mundo —, os motivos não são particularmente relevantes. Se por acaso estiver me afogando, tanto faz ser resgatado por um salva-vidas pago, que não se importa pessoalmente comigo, por um transeunte imbuído de altruísmo ou, ainda, ser salvo por quem me reconhece e gosta de mim. A propósito dessa discussão, recomendo meu ensaio "Não julgue os motivos", no já citado *Think a Second Time* [*Pense pela segunda vez*, livro ainda sem tradução no Brasil].

da verdade, nem sequer se impacientam comigo por não os chamar de volta imediatamente quando não lhes atendo. Eles sabem o quanto os amo e que não gosto de conversar ao telefone. Presumo que encontrem outras qualidades em mim, capazes de compensar essa peculiaridade.

CASAIS PRECISAM DE CASAIS

Quando as pessoas são solteiras, instintivamente percebem como é fundamental cultivar amigos. Sem eles, um adulto solteiro se vê sozinho praticamente em tempo integral. No momento em que se casam, entretanto, de modo irrefletido passam à posição oposta, assumindo que sua carência por amizade foi preenchida pela união marital. Muitos não reconhecem quão importante para um casal é ter amigos.

Como observado antes, os cônjuges devem ser nossas companhias mais próximas. Porém, até mesmo quando assim se dá, marido e mulher, *como casal*, podem se beneficiar tremendamente ao desenvolverem relações de amizade notadamente com outros casais. Discutir as questões conjugais e familiares com um par análogo é de grande ajuda para a vida matrimonial. Não obstante, poucos o fazem, e é por isso que muitos se surpreendem quando um casal de quem eram amigos de repente se separa. Caso falassem abertamente sobre assuntos conjugais, a dupla ilesa estaria lá para, na pior das hipóteses, confortar os amigos durante os tempos difíceis; na melhor, quem sabe auxiliasse a preservar a união então fragilizada.

A maioria das dissensões no âmbito conjugal não é exclusividade de ninguém. Aliás, as razões de discórdia são quase universais, pois, em boa medida, decorrem das diferenças entre homens e mulheres. Sendo assim, grande parcela dos entraves a dois é passível de redução mediante o diálogo franco com outro casal acerca dos conflitos matrimoniais. Meramente, essa prática permite notar a vasta gama de desafios que é comum.

Não é exagero mencionar a grande probabilidade de o estresse ser atenuado tão somente a partir da constatação de que os dilemas que nos afligem estão longe de ser raros. Lembro-me de certa vez em que gritei com meu filho mais novo. Quão desconcertado fiquei ao perceber que meu amigo Robert Florczak estava na sala ao lado e me escutou. "Deus!" — pensei. "O que ele vai imaginar de mim como pai?" Logo que o receio me ocorreu, ele adentrou minha sala e me disse:

— Você não sabe o alívio que me causou!

— Como assim? — perguntei.

— Às vezes, grito com meu filho, mas tinha a convicção de que você *nunca* gritaria com os seus. Meu Pai! Como me sinto mais tranquilo por saber que você também faz isso.

E, é claro, fiquei tão aliviado quanto Robert, uma alma de fato gentil, por descobrir que ele ocasionalmente também ralhava com seu filho mais novo.

Graças a Deus pelos amigos!

CAPÍTULO 31

PSICOTERAPIA E RELIGIÃO

PSICOTERAPIA

Desde o momento do nosso nascimento, a vida não pode nos dar tudo o que desejamos, e muitas vezes ela não consegue nos dar nem sequer aquilo de que precisamos. A vida é difícil mesmo quando é maravilhosa, e, para muita gente, ela é só difícil, e não maravilhosa.

Todos já fomos feridos. É muitíssimo improvável que pais não machuquem seus filhos de alguma maneira. Se não somos magoados pelos genitores, podemos ser marcados pela morte ou pela doença de um dos pais ou dos irmãos; talvez, por um casamento ou um divórcio amargos. Se porventura nossa família imediata for quase idílica, quem sabe sejamos afetados por outro adulto que abuse de nós ou por colegas que nos depreciem. Uma infância sem cicatrizes é possível, mas raríssima.

À medida que passam os anos e chegamos à adolescência, é quase inevitável que sejamos feridos de outras formas. Talvez a morte de um amigo ou familiar ou, ainda, um acidente que ocorra conosco ou com um ente querido; possivelmente nos deparamos com a frustração ao vivermos o primeiro amor romântico ou, então, ao fracassarmos em alguma competição esportiva importante. Assim como se dá com a infância, poucas pessoas experimentam uma adolescência livre de mágoas.

Por essas razões, não há que ser anormal, mas apenas humano para se beneficiar da psicoterapia. Não admitir que ela possa ajudar é denegar qualquer conflito emocional ou psicológico; é rejeitar que qualquer relacionamento importante possa ser mais saudável, amoroso ou íntimo; é revelar a descrença nos méritos da psicoterapia. Negar os dilemas de natureza íntima ou a possibilidade de aprimorar uma relação humana equivale a penetrar o domínio do autoengano, fechando as portas à realidade.

Quanto a recusar o valor da psicoterapia, de que modo, sem ela, alguém trata suas feridas emocionais? Se lesões físicas requerem fisioterapia, por que as de natureza psicológica não reclamam psicoterapia? É verdade que a psicoterapia, *sozinha*, nunca vai curar todos os nossos problemas pessoais; porém, nenhuma outra coisa, *sozinha*, irá: nem o amor, nem a religião, tampouco um trabalho significativo — para me ater a três antídotos poderosos contra o desespero. Todos esses meios são necessários.

Convém, mesmo a quem vive um casamento feliz, encontrar tempo para a terapia de casal. Terapia não deve ser considerada como algo que, necessariamente, pretende reparar o que está quebrado, mas, sim, como instrumento para garantir que nada se quebre. Assim como levamos carros em perfeito estado de funcionamento a revisões periódicas — não porque estejam estragados, mas para evitar que estraguem —, também os casamentos precisam de manutenção regular, a fim de assegurar que permaneçam em boas condições.

LIMITAÇÕES DA PSICOTERAPIA

Por mais importante que seja a psicoterapia, ela apresenta, apesar de todos os benefícios, três severas limitações como veículo para a felicidade.

1. A MAIORIA DOS TERAPEUTAS NÃO É TÃO BOA

Todo psicoterapeuta com quem já conversei afirma que a maior parte dos seus colegas não é particularmente competente. Não se trata, porém, de difamar os psicoterapeutas, pois essa asserção é verdadeira para quase todas as profissões. O ponto aqui é, apenas, reconhecer três fatos sobre esse profissional.

O primeiro deles é que a psicoterapia constitui uma arte tanto quanto um ramo da ciência. Ser um psicoterapeuta de fato eficiente exige não somente conhecimento da psicologia, mas, também, sabedoria e uma capacidade inata para lidar com pessoas — duas qualidades raras em quem quer que seja. Desse modo, talvez se requeira mais talentos para ser um bom psicoterapeuta do que para ser um bom cirurgião. Este médico precisa de conhecimento e de destreza física notáveis, mas não de uma excelente habilidade com pessoas, tampouco de sabedoria e de bom senso.

Em segundo lugar, é capaz de ser licenciada como terapeuta a porção predominante daqueles que concluem os cursos exigidos. Para tornar-se um profissional, portanto, a perseverança é a chave, em vez de sabedoria, bom senso e até mesmo inteligência.

O terceiro fato patente é que muitos estudantes de psicologia escolhem a formação e, depois, ingressam na carreira como almas perturbadas à procura de alento e resolução para os próprios conflitos. Isso pode ser uma vantagem caso passem por terapia prolongada, tenham êxito ao serem auxiliados por ela e, então, usem os *insights* a respeito de si mesmos para ajudar os clientes. Contudo, pode ser uma desvantagem considerável se não se submetem a uma terapia eficaz e, sobretudo, se os problemas íntimos turvam seu julgamento no exercício da profissão.

Qual método adotar para escolher um psicoterapeuta é, como se vê, uma questão urgente, especialmente porque o profissional errado pode, na verdade, fazer-lhe mal. Posso apresentar apenas um direcionamento geral: seja cauteloso com o terapeuta se ele nunca desafiou suas posições ou se jamais suscitou certa dose de incômodo. Investigar a fundo a gênese de conflitos e insatisfações deve, em mais de uma ocasião, envolver dor e compelir a um autoquestionamento real. Se você tão somente passa a se sentir bem ao fim de cada sessão e/ou sai convencido de que está ótimo e de que todos à sua volta estão doentes, talvez seja o momento de considerar um terapeuta diferente. Empregue seu dinheiro suado para se capacitar e crescer por meio do confronto honesto de seus problemas, e não apenas para ouvir: "Entendo sua dor; pobrezinho de você".

2. A PSICOTERAPIA ABORDA OBSTÁCULOS ESTRITAMENTE PSICOLÓGICOS

A psicoterapia, por si só, não pode nos fazer felizes, uma vez que aborda apenas os entraves à felicidade de natureza psicológica. Por enormes que sejam esses obstáculos — e com frequência o são —, removê-los não faz de nós pessoas realizadas, tal como curar uma perna quebrada não nos torna um ás do atletismo. O tratamento psicoterapêutico, quando completamente bem-sucedido, afasta apenas as barreiras de caráter puramente psicológico. Isso é uma conquista magnífica, porém, há muitos outros impedimentos para a felicidade, como este livro demonstra.

Conquanto a psicoterapia seja um recurso preciosíssimo, muita gente espera demais de seus resultados. Sozinha, ela é incapaz de torná-lo uma pessoa feliz; aliás, é impotente até para solucionar seus problemas. Isso porque é prerrogativa exclusivamente sua — e não do terapeuta nem da terapia — fazer de si mesmo alguém feliz, e isso envolve consideravelmente mais do que boa terapia.

3. A PSICOLOGIA NÃO TEM NADA A DIZER
SOBRE O SENTIDO DA VIDA

De forma isolada, a psicoterapia não pode nos fazer felizes porque ela não diz nada a respeito do sentido da vida, e a felicidade é impossível sem esse componente. Para alcançá-la, tamanha é a importância do senso de propósito que lograr encontrá-lo é ainda mais decisivo para ser feliz que uma psique saudável.

Já cruzei com pessoas embaraçadas psicologicamente, porém dotadas de grau apreciável de felicidade, graças à crença robusta no pleno sentido da vida, em âmbito tanto pessoal como universal. Por outro lado, não consigo sequer imaginar alguém no gozo da felicidade caso não identifique um propósito claro na sua existência ou se lhe falta sentido, não obstante quaisquer doses de boa psicoterapia a que tenha se submetido.

É essa a principal razão pela qual muitos religiosos se convencem de que a psicologia não é importante e, então, sustentam que a religião é tudo de que alguém precisaria para ser feliz. Já que esta concede às pessoas sentido e propósito — e, ao fazê-lo, confere-lhes alguma felicidade —, eles concluem: para que se incomodar com a psicologia? Todavia, equivocam-se ao pensarem assim.

RELIGIÃO

POR QUE RELIGIÃO NÃO É O BASTANTE

Sozinha, a religião também não é suficiente. Embora a religião, na melhor das hipóteses, possa emprestar ao fiel mais conforto e satisfação do que até mesmo a psicologia em seu auge, a vivência religiosa é incapaz de prover tudo de que precisamos a fim de sermos indivíduos felizes e conscientes. Pessoas atormentadas por feridas psicológicas podem, sem dúvida, encontrar certo nível de paz e contentamento na fé; todavia, sem abordar as raízes psicológicas de suas dores, nunca serão tão felizes como podem ser.

Mais importante: elas serão tentadas a usar a religião como um disfarce, visando encobrir os dramas psicológicos que se recusam a encarar. Quando se lança mão da vida religiosa com o intuito de mascarar problemas de foro íntimo, ela torna as pessoas piores do que estariam caso não professassem fé alguma, no campo seja psicológico, seja moral. Ao se recorrer à religião dessa maneira, ela produz engano: em vez de ajudar os adeptos a lidarem com seus problemas psicológicos, leva-os a crer que não os têm. Consequentemente, os conflitos são deixados à margem, livres para causarem danos enquanto seus detentores circulam acreditando que estão bem.

No plano moral, o malefício é potencialmente mais grave. A religião pode conceder às pessoas comprometidas do ponto de vista psicológico uma arma imensamente poderosa, por meio da qual poderão expressar seus desequilíbrios íntimos e, assim, prejudicar e ferir os outros. O emprego cruel da religião por parte de pessoas psicologicamente debilitadas, tanto na vida familiar como em sociedades inteiras, é o lado negro da história religiosa.

Existe outra evidência, relacionada à anterior, a esclarecer por que a religião não basta. Uma pessoa feliz, ao contrário de um animal saciado, é alguém consciente de si mesmo e do mundo. Todavia, tomando a religião de modo isolado, a felicidade que alguém dotado de severas limitações psicológicas atinge é, comumente, uma felicidade superficial, própria de uma vida desprovida de questionamentos.

É por esse motivo que alguns fiéis parecem simplórios e pouco sofisticados: eles deixaram de ser autênticos — ou seja, de conhecerem a si mesmos — a fim de serem religiosos e, assim, usufruir do grande conforto que essa identidade proporciona. Isso é tão insignificante do ponto de vista religioso quanto do psicológico. Deus não nos pôs aqui para termos a saciedade dos animais. Devemos aprender o máximo que pudermos sobre nós próprios e sobre a vida — e, de posse desse conhecimento, ainda ser felizes.

Quando a religião é usada como um escudo contra o autoconhecimento, está-se diante de um emprego pervertido da religião, capaz tão somente de corrompê-la.

Os fanáticos religiosos nada mais são que pessoas infelizes, as quais distorcem a religião por meio de suas mentes doentias e com o objetivo de atender a seus impulsos degenerados. Em contrapartida, os melhores representantes entre os religiosos são, também, as pessoas psicologicamente mais saudáveis, pois são livres para encontrar as grandes verdades religiosas e aplicá-las, da melhor forma, a si mesmos e ao mundo.

POR QUE A RELIGIÃO É NECESSÁRIA

Embora não seja suficiente, a religião é, apesar de tudo, necessária para a felicidade. Essa afirmativa será contestada por alguns leitores laicos, que argumentarão existirem tantos agnósticos e ateus felizes quanto fiéis felizes.

Eu duvido. Aliás, alguns dos mais ardentes pensadores antirreligiosos da história também duvidam. Afinal, um dos seus argumentos mais robustos é o de que a religião é, nas célebres palavras de Marx e Engels, "o ópio do povo". Mesmo ativistas antirreligiosos reconhecem o mérito da religião em proporcionar conforto e felicidade. Podem até defender que se trata de uma fraude, mas não cabe sustentar que ela não traz felicidade aos adeptos.

Há outro motivo pelo qual duvido que os indivíduos seculares tenham a mesma probabilidade de serem felizes que os religiosos. Quanto mais pensam, todos são inclinados a reconhecer que, se não existe nenhum sentido transcendente no universo, então não há nada que dê sentido, de qualquer espécie, ao universo. Nenhuma pessoa que reflita pode ser realmente feliz acreditando que, em última análise, tudo é fortuito e em vão.

No filme *Noivo nervoso, noiva neurótica*,[1] o personagem de Woody Allen, aos sete anos de idade, lamenta que o universo "está em expansão e um dia vai se desintegrar, e isso será o fim de tudo!". Assim sendo, ele constata que a vida é vã, sem rumo. Seus pais concluem que o filho está enlouquecido — mas ele não está.

Além de revestir o universo de sentido, a religião infunde transcendência no cotidiano de cada um; provê uma comunidade de apoio para os melhores e os piores momentos da vida; instila gratidão, fortalece o laço entre pais e filhos; mantém o indivíduo em contato com o passado e esperançoso em relação ao futuro; concede-lhe oportunidades regulares de tomar contato com o sagrado; ensina autocontrole; e estabelece dias santos significativos, e não meros dias de folga: todos, elementos essenciais à felicidade.

Dada a importância vital de avançar no autoconhecimento e, também, de viver a transcendência, advogo há muito que todo sacerdote se submeta à psicoterapia e, também, que todo psicoterapeuta vá regularmente a um

---

1. ANNIE HALL. Versão brasileira: *Noivo nervoso, noiva neurótica*. Direção: Woody Allen. Produção: Jack Rollins e Charles H. Joffe. Estados Unidos: United Artists, 1977. (93min). O filme foi premiado com quatro estatuetas do Oscar em 1978, incluindo as categorias de Melhor Filme e Melhor Diretor. [N.E.]

templo de adoração. O clero da psique e o clero da alma precisam um do outro. Quanto ao restante de nós, carecemos de ambos.

EPÍLOGO

MODERAÇÃO APAIXONADA

COMO SUBTÍTULO DE *Felicidade é um problema sério* poderia figurar a expressão: *a defesa da moderação apaixonada*. Ao longo do livro, um tema que se repete constantemente é que a felicidade é alcançada por meio da moderação.

Muita gente associa ser moderado a ser enfadonho e, às vezes, realmente é. No entanto, para a grande maioria das pessoas, moderação é indispensável à felicidade e é, ainda, um atributo que contempla paixão, excitação e divertimento. Com efeito, uma vida que exclui esses três elementos não é moderada, mas, sim, ascética.

Toda grande filosofia — religiosa ou laica, ocidental ou oriental — sublinha que uma vida boa e feliz requer ênfase na moderação em todas as coisas.

TERMINO NO MESMO TOM EM QUE INICIEI. A busca pela felicidade é um empreendimento humano nobre, não menos que qualquer outro; é uma arte que não exige menos competência do que para tocar uma sonata de Bach; é um feito em nenhum aspecto menos valioso do que escalar uma grande montanha. Trata-se de uma jornada que envolve o uso constante da mente e a autodisciplina, em caráter permanente. O caminho rumo a esse destino confere sabedoria e inculca gratidão. Além do mais, dadas suas ramificações no campo da moralidade, a felicidade não é um imperativo menos moral do que, digamos, a democracia

Isso posto, não é de se admirar que, para imenso percentual das pessoas, a felicidade seja, efetivamente, um problema sério. Espero, caro leitor, que meu livro a tenha tornado um problema um pouco menos sério — ou complicado — para você.

REFERÊNCIAS BIBLIOGRÁFICAS

ANNIE HALL. Versão brasileira: *Noivo nervoso, noiva neurótica*. Direção: Woody Allen. Produção: Jack Rollins e Charles H. Joffe. Estados Unidos: United Artists, 1977. (93min).

BÍBLIA de estudo Scofield. Versão Almeida Corrigida Fiel. São Paulo: Holy Bible, 2009.

BÍBLIA Leitura Perfeita. Nova Versão Internacional. Rio de Janeiro: Thomas Nelson Brasil, 2018.

FRANKL, Viktor. *Em busca de sentido*: um psicólogo no campo de concentração. 25. ed. rev. São Leopoldo: Sinodal; Petrópolis: Vozes, 2008. (Tradução de *Man's search for meaning*.)

KUSHNER, Harold. *Quando coisas ruins acontecem às pessoas boas*. São Paulo: Nobel, 1981.

PRAGER, Dennis. *Think a Second Time*. New York: Reagan Books/HarperCollins, 1995. (*Pense outra vez*, ainda sem tradução no Brasil.)

VIORST, Judith. *Perdas necessárias*. 30. ed. São Paulo: Melhoramentos, 2005.

ÍNDICE REMISSIVO

abuso infantil, 242

adolescentes

  adotados, 147, 148

  explicação para a adolescência, 208

adotar um filho, 219

adversidades, 203, 207

alcoolismo, 92

Allen, Woody, 296, 302

amargura, 118

ambivalência, 240

amigos, 60, 80, 124, 129, 140,
  181, 186, 228, 231, 257, 269,
  273–286

  as falhas, 282

  de casais, 54, 127

  mantendo, 282

  mesmo sexo, 279, 280

  seus valores, 79, 275ss

amizade, 54, 270, 275–285

amizades platônicas, 281

amor, 31, 40, 50, 57, 74, 79, 80,
  116, 121–127, 130, 137–141,
  191, 220, 227, 231, 246, 257,
  265, 278, 288

  incondicional, 116, 137–141

  dos pais, 121–129, 145, 175,
  205, 231, 235, 269, 287

  entre irmãos, 122, 130

  falta de, 257

  sentido em, 182

anedonia, 94

animais, 12, 46, 101, 137, 138,
  179, 180, 249, 282, 294

  amor incondicional
  dos, 138, 282

animais de estimação, 137,
  282

Ano-Novo, 89, 90

anúncios de solteiros, 84

Argélia, 211

armênio, 146

ascetas, 94

aspectos inferiores, 237

  expressar, 111, 115, 119, 232, 240, 243, 294

  suprimir, 240

Associação Americana de Hospitais de Animais, 137

atos imorais, 246, 255

ato impuro, 246

Auschwitz, 62

autocontrole, 261–266, 296

autodisciplina, 15, 30, 99, 300

autopiedade, 155, 156

Bíblia, 77, 129, 141, 319

  Êxodo, 141

  Gênesis, 128, 249

  Provérbios, 196

bioquímica, 169–171, 174

bondade, 24, 198, 251, 255, 256, 258, 278

  boas pessoas, 277

budismo, 103

Camboja, 147, 211

característica mais importante em uma mulher (CMIUM), 65, 66

casamento, 13, 84, 99, 157, 220, 222, 226–228, 230, 266, 270–273, 287, 289

  amizades do sexo oposto e, 279–281

  casais precisam, 52–54

  companheirismo, 272

  comparando a felicidade, 126

  imagens de, 57

  dois casais, 52, 53

  dois filhos, 68, 69

  expectativas dos cônjuges, 115

  infelizes no, 160

  nível de intimidade, 43, 44

  relações sexuais no, 127, 165, 288

  teme comprometer-se com o, 100

  terapia de casal, 289

  ter filhos, 100, 128, 230, 266

  vantagens *vs.* desvantagens do, 21, 226, 255, 270

caso extraconjugal, 164

chatas, aprendendo com interações sociais, 216, 234

clareza, 21, 67, 196, 197, 198, 235, 264, 265

compaixão pelas vítimas, 134, 145, 154

companheirismo
em família, 270
no casamento, 272
ver também amigos

comparação, 131, 184, 211, 281, 283
com imagens, 55
com outras pessoas, 52

competitivo, instinto, 80, 162

comprometer-se, medo de, 100

comunicação, insatisfação com o nível de, 43, 122

comunismo, 34, 61, 133, 185, 211

conhecimento, sabedoria *vs.*, 14, 82, 108, 191, 195, 196, 289, 294

cônjuges, *ver também* casamento, 52, 55, 115, 139, 184, 275, 279, 285

consciência, 27, 30, 34, 42, 67, 228, 229, 250

controle, 28, 123
expectativas e, 114
dos aspectos inferiores da natureza humana, 167
de si mesmo, *ver* autocontrole
vitimização e, 143, 153–156

crescimento, 191, 192, 197, 226, 252, 265
através da adversidade, 208
tensão e, 157, 221
valorizando o, 96, 217

crime, 34, 270

crise da meia-idade, 56

cristãos, 111, 247

culpa, sentimento de, 94, 175, 240, 250, 284
depressão e, 175
pelos pensamentos maldosos, 245, 250
vitimização e, 33, 133, 149–152, 175

decepção, 108, 115, 117, 233

depressão, 56, 170, 171–175, 182, 252

desejos, 67, 78, 89, 103, 166, 239, 247, 281

devoção, 184, 190

  religiosa, 25

dias santos, 89, 296

dieta, efeitos no humor

  da, 174

distrações, 88, 95

  entretenimento, 88, 95, 194

diversão, 192, 261, 269

  evitando a dor e, 99

  compulsória, 90

  profundidade e, 194

  vs. felicidade, 83-99

  como usar a, 94

  importância da, 252

  sentido *vs.*, 192

divórcio, 57, 229, 282, 287

dor, 12, 24, 33, 34, 53, 58, 74, 92, 103–108, 117, 131–135, 155, 210, 221, 223, 257, 282, 291

  autopiedade e, 155, 156

  evitando a, 99-101

  exasperação e, 205, 222, 223, 224

  expectativas e, 56–58, 89, 103–118

  intrafamiliar, 122, 128

confrontando, medicamentos psiquiátricos e, 173,

  na psicoterapia, 289

  ver também sofrimento

Dostoiévski, Fiódor, 101, 209

Durocher, Leo, 255

egocentrismo, 33, 205, 323

Em busca de sentido (Frankl, V.), 153, 302

emprego, 60, 106, 107, 108, 109, 114, 294

  ver também trabalho

Engels, Friedrich, 295

entendimento, 76, 96, 103, 141, 159, 186, 195, 225

entretenimento

  ver distrações

escravidão, 263

esportes, 85, 96, 99, 191

estresse, 54, 93, 222–224, 286

exasperação, 205, 222, 223, 224

excitação, 90, 91, 162, 228, 299

expectativas, 56–58, 89, 103–118

  dos filhos, 106, 114

gratidão minada por, 109–
111
objeções à redução de, 116
conjugais, 115
falhas
enfoque nas, 62
perdoar, 282
fama, 49, 75, 253, 257
família, 73, 76, 79, 90, 121, 122,
130, 157, 161, 181, 186, 208,
227, 230, 232, 287
estendida, 124
companheirismo na, 157,
270–274
imagens de, 57, 58
sentido da, 94, 95, 181, 186
ver também filhos; casamento
família abusiva, 122
fé religiosa, *ver* religião
férias, 92, 93, 96, 166, 240
filhos, 16, 24, 55, 68, 77, 79, 82,
84, 92, 99, 106, 122–130,
140, 162, 165, 175, 182ss,
190, 193, 212, 227ss, 235,
242, 262ss, 287, 296
abandonado, 61

abusados, 121
adolescentes adotados, 148
adultos que não os pais nas
vidas dos, 220
amor dos pais por, 121
direito de nascença, amor
incondicional como,
dos, 116
e passando tempo com, 266
expectativas sobre, 110, 114
feridas psicológicas
dos, 124, 145
filosofia de vida e, 202–209
imagens dos, 57
impacto na vida conju-
gal, 127
incutir gratidão nos, 111
preços a pagar por ter *vs.*
preços a pagar por não
ter, 126, 232
primeiras palavras dos, 40
síndrome da telha faltante
e, 66
valores para os, 189, 232
filosofia de vida, 174, 202,
203–209, 212
exemplos de, 202, 206-212

necessidade de, 203ss

Fleisher, Leon, 70

Florczak, Robert, 286

Frankl, Viktor, 153, 179, 180

Forbes (revista), 48

Friedman, Milton, 225

futuro, visão do, 112ss, 212, 296

genética, 169, 219

Graham, Martha, 46

gratidão, 109–119, 134, 258, 296, 300

  bênçãos de, 111

  bondade e, 24, 278

  e o sofrimento do mundo, 211

  expectativas e, 110

  felicidade e, 104

hábitos, 253, 263, 264, 266

hedonistas, 94

Hitler, Adolf, 185, 257

Hollywood, 80, 91, 92, 108

  ver também pessoas famosas

Holocausto, 211, 250

  ver também nazistas

homossexuais, 159

imagens, 55–62, 246

comparação entre realidade e, 52, 55

de sociedades, 61

imaturidade

  amor incondicional e, 117

  vitimização e, 155, 156

infelicidade, 27, 34, 41ss, 61, 64, 78, 81, 88ss, 99, 104ss, 121, 124, 133, 140, 145ss, 159, 160, 163, 170ss, 197, 202, 211, 223

  fórmula para medir, 56

  infelicidade composta, 52

  reduzir a infelicidade, 32

insaciabilidade

  diferenças homem/mulher no tocante à, 158ss

insatisfação

  necessária *vs.* desnecessária, 43ss

  acerca do imutável, 43

  acerca do que não é impor-tante, 44

Instituto Nacional da Saúde Mental, 148

Instituto Pesquisa, 148

inteligência, mente e, 29, 30,

65, 156, 231, 277, 290

internet, 51

intimidade, 121, 125, 159, 231,
242, 270ss, 280
  insaciabilidade feminina
    por, 161ss
  importância da, 43, 53

inveja, 97, 237
  das pessoas de sucesso, 49

irmãos, 148, 287
  elo com, 270ss
  rivalidade entre, 122, 129,
    149

Isso também passará (filosofia
  de vida), 207

judaísmo, 111

judeus, perseguição nazista
  aos, *ver* nazistas

Kushner, Harold, 220

liberdade, autocontrole
  e, 210, 227, 263

livre-arbítrio moral, 114

maldade, 251, 283
  criada por causas, 183
  filosofia de vida e a, 204
  imagens sociais e a, 61
  em pensamentos e senti-

mentos, 237, 250

Marmer, Stephen, 145

Marx, Karl, 295

medicamentos psiquiátri-
  cos, 173

mente, 163, 166

metas, 78, 106, 115, 156
  papel na felicidade das, 116,
    266
  e insaciabilidade natureza
    humana, 263

moderação, 91, 253, 299

morte, 82, 211, 223
  expectativas e dor causada
    pela, 34, 105
  tristeza da, 205, 287

motivação, 86
  insatisfação como, 45
  das ações ofensivas, 151

movimentos sociais, busca
  por sentido em, 133

muçulmanos, 247

nacionalismo chauvinis-
  ta, 185

Não existe almoço grátis, 225

Natal, 89, 90

natureza humana, 63, 66, 158,

258, 261, 283

aceitando aspectos inferiores da, 81

controlando a, 238, 263

insaciabilidade da, 40, 45, 158

vs. luta pela profundidade, 193

nazistas, 34, 133, 153, 250

netos, 232

New York (revista), 84, 148

Nietzsche, Friedrich, 208

obrigação moral, a felicidade como, 23

ofensa real *vs.* percebida, 149ss

O que não me mata me fortalece (filosofia de vida), 208

Oração

da Serenidade, 44

do banheiro, 112

otimismo, 117

pais, 40, 73, 101, 105, 112, 138ss, 169, 175, 181, 189, 205, 212, 219, 230ss, 269ss, 287, 296

elos com, 60, 114

amor pelos filhos dos, 24

sentido no papel de, 123ss

paixões, 69, 126

inferiores, controlando, 238

por buscas significativas, 190

moderação e, 253

paz interior, 199, 256, 257, 258

pecado

equacionar diversão com, 239

e aspectos inferiores da natureza humana, 248

perdão, 283

perdas necessárias, 35

perspectiva, *ver* filosofia de vida

pessoas criativas, insatisfação das, 43

pessoas famosas, 49

pessoas ricas, 81, 91

comparações com, 48

infelizes, 257

Playboy (revista), 59, 160

Pol Pot, 147

pornográfica, 159, 246

Prager, Joshua, 144, 218

Prager, Max, 222

prazer, 32, 40, 77, 89, 93, 94, 193, 223, 230, 249

Primeira Guerra Mundial, 146

profundidade emocional e psicológica, 21, 121, 134, 192ss, 227

Prozac, 171ss

psicoterapia, 145, 203, 288ss
  limitações da, 289
  propósito, sentido e, 292
  Quando coisas ruins acontecem às pessoas boas (Kushner, H.), 220

racismo, 34, 62, 185

raiva, 151, 173, 229, 284

reclamar, 109, 235

relacionamentos, 79, 227
  profundidade emocional nos, 181
  sentido nos, 270
  com membros de causas, 184
  ver também sexo oposto, relacionamentos com
relacionamentos homem/mu-lher, *ver* sexo oposto

religião, 12, 76, 103, 135, 174, 232, 235, 287
  vida após a morte e, 211
  depressão e, 295
  distinção entre o imoral e o impuro na, 246
  bondade e, 25
  gratidão inculcada pela, 111
  limitações da, 293ss
  deixar de crer na, 204
  e aspectos inferiores da natureza humana, 241
  sentido da vida na, 184, 199
  necessidade da, 187
  passada para outra geração, 232
  amor incondicional e, 140

renda, 40, 182
  alegria e sentido do traba-lho *vs.*, 75ss
  comparação de, 48

Revolução Cultural maoís-ta, 217

Ruanda, 211, 217

sabedoria, 14, 28, 30, 44, 79, 82, 92, 111, 193ss, 209, 218, 259, 273, 277, 289ss bondade e, 196

saúde, expectativa
da, 103ss

Schwarzenegger, Arnold, 48

secular, concepção, 134, 186,
235, 262

Segunda Guerra Mun-
dial, 250

sentido, 75, 101, 133, 153, 175ss,
212, 217, 232, 251, 273, 292,
295

a felicidade como subpro-
duto do, 181ss

pessoal, 181ss

psicoterapia e, 292, 296

transcendente, 181, 196, 295

sentimentos, expressão
dos sentimentos som-
brios, 242, 245

sexo, 40, 86ss, 157ss, 228, 232,
239, 272, 279

conexão através do, 272

insaciabilidade masculina
pela variedade no, 160ss

atitudes religiosas *vs.* laicas
em relação a, 248

buscando excitação através

do, 91

tensão e, 222

sexo oposto, 239, 248, 279ss

relacionamentos com o, 157

merecendo o amor em, 139

ver também casamento

Sharansky, Anatoly (Na-
tan), 180

síndrome da telha faltan-
te, 65, 67

sofrimento, 27, 33, 74, 116, 122,
128, 131, 134, 171, 257

coletivo, 147

injusto, 34, 132, 205, 210,
212

solidão, 59, 91, 157, 257, 269ss

Speer, Albert, 257

Stálin, Josef, 185, 256

sucesso, 71ss, 85, 99, 106ss,
156, 218, 231, 262, 278

definindo, 79

expectativas e, 107

financeiro, 77

trabalho prazeroso e significativo *vs.*, 74ss

dor associada à conquista
do, 81

sentido *vs.*, 75

suicídio assistido, 242

televisão, assistir à, 88, 100, 190, 191, 193, 234, 248, 252, 269

Telushkin, Helen, 50

Telushkin, Joseph, 16, 50, 65, 201, 202, 206

temor, 196

tensão, lidando com a 205, 221–224, 281

teodiceia, 205, 210

terrorismo, 34

totalitário, 62, 123, 133

trabalho, 14, 24ss, 34, 69ss, 95, 99, 123, 166, 181ss, 190, 219, 222, 279, 288

  controle sobre a qualidade do, 43ss, 114

  expectativas sobre o, 106

  imagens de, 55

  significativo, 74, 80

  preços exigidos pelo, 235

tragédia, lidando com, 34, 205

  uma causa, envolvimento com, 183, 184

utopia, 62

valores, 65, 79, 106, 227

  de amigos, 275ss

  a felicidade como subproduto dos, 189

  passados para outra geração, 232

viajar ao exterior, 96

vício, moderação no, 252

vida após a morte, acreditar na, 33, 211

vida de solteiro, vantagens *vs.* desvantagens da, 100, 227

violência, 250, 252

Viorst, Judith, 35

visão trágica da vida, 34

vitimismo

  culpar os outros e, 144ss

  imaturidade e, 155

  autopiedade e, 155

  compaixão e, 154

  tipos de, 144

  baseada em ofensas percebidas, 149

  baseada em pertencer a um grupo, 146

baseada na diferença, 147

baseada nas devidas consequências, 151

Viver é sofrer (filosofia de
vida), 101, 209

Wall Street Journal, The, 144,
218, 262

Weltanschauung (visão de
mundo), 204

Zeitgeist (espírito da época), 146, 262

SOBRE O AUTOR

"Um estudioso da moral formidavelmente talentoso."
— *Los Angeles Times*

DENNIS PRAGER é um dos mais respeitados e influentes pensadores e escritores dos Estados Unidos e uma das principais vozes daquele país. Nascido em 1948, vive o auge de sua carreira brilhante na plenitude dos seus mais de 70 anos.

Apresenta um programa de rádio diário com três horas de duração, do tipo *talk show*, o que lhe dá a chance de conversar com um número imenso de pessoas. Desde 1999, às sextas-feiras há a *Hora da felicidade*, reservada a discutir o tema a partir das ideias expressas em *Felicidade é um problema sério*. Dennis consagrou-se ao longo de quase quatro décadas ao microfone, com transmissão por mais de 400 emissoras afiliadas, e mais recentemente pela internet, o que lhe permitiu conquistar ouvintes ao redor do mundo.

Fundou a Prager University ou PragerU, produtora de vídeos educacionais com mais de um bilhão de visualizações ao ano, tendo a maior parte da audiência idade inferior a 35 anos.

Autor de nove *best-sellers* do *New York Times*, chegou ao número um da lista com *Felicidade é um problema sério* — sua primeira obra publicada no Brasil. Seus livros abrangem uma gama de assuntos variados, entre eles: religião, moral, felicidade, política, islamismo e certas ideias associadas à tradição americana, tais como liberdade e valorização do indivíduo.

Prager aborda a teologia desde o início de sua vida pública, aos 21 anos. Meio século depois, iniciou sua obra-prima, a série de cinco livros intitulada *The Rational Bible* (*A Bíblia à luz da razão*), cujo primeiro volume, no lançamento, ocupou o posto de livro de não ficção mais vendido nos EUA.

É um homem da Renascença. Periodicamente rege orquestras sinfônicas, aficionado que é por música clássica. Entusiasta do estudo de idiomas, é fluente em francês, russo e hebraico, além de grande conhecedor de sua língua materna. Viajou por mais de 130 países e já fez palestras em 49 dos 50 estados americanos, bem como em todos os continentes.

Graduou-se na Escola de Relações Internacionais da Universidade de Columbia, onde se especializou em comunismo, União Soviética e Oriente Médio. Ainda na cidade de Nova Iorque, onde nasceu, lecionou sobre as histórias russa e judaica no Brooklyn College.

Dennis é profundamente comprometido com as ideias nobres que estão no cerne da fundação dos Estados Unidos e com a preservação do Ocidente e do sistema de valores judaico-cristão. Conhecido por prezar a comunicação clara e efetiva, diante de uma divergência, costuma repetir um de seus motes mais célebres: "Prefiro a clareza à concordância".